조선갑부 흥보의

흥보은행 설립기

이야기 경제 학당

조선 갑부 흥보의 흥보은행 설립기

초판 1쇄 발행 2014년 11월 15일 \ **초판 3쇄 발행** 2019년 10월 10일
글쓴이 김이수 \ **그린이** 유설화
펴낸이 이영선
책임편집 김문정
편집 강영선 김선정 김문정 김종훈 이민재 김연수 이현정 \ **디자인** 정경아
독자본부 김일신 김진규 정혜영 박정래 손미경 김동욱
펴낸곳 파란자전거 \ **출판등록** 1999년 9월 17일(제406-2005-000048호)
주소 경기도 파주시 광인사길 217(파주출판도시) \ **전화** (031)955-7470 \ **팩스** (031)955-7469
홈페이지 www.paja.co.kr \ **이메일** booksea21@hanmail.net

ISBN 979-11-86075-00-5 73300
이 도서의 국립중앙도서관 출판예정도서목록(CIP)은 서지정보유통지원시스템 홈페이지(http://seoji.nl.go.kr)와
국가자료공동목록시스템(http://www.nl.go.kr/kolisnet)에서 이용하실 수 있습니다.(CIP제어번호: CIP2014030701)

| 이 책은 한국출판문화산업진흥원의 2014년 〈우수 출판 콘텐츠 제작 지원〉 사업 당선작입니다.

파란자전거는 도서출판 서해문집의 어린이 책 브랜드입니다. 페달을 밟아야 똑바로 나아가는 자전거처럼
파란자전거는 어린이와 청소년이 혼자 힘으로도 바르게 설 수 있도록 도와줍니다.

어린이제품안전특별법에 의한 제품 표시
제조자명 파란자전거 \ **제조년월** 2019년 10월 \ **제조국** 대한민국 \ **사용연령** 만 9세 이상 어린이 제품

이야기 경제학당

조선갑부 흥보의

흥보은행 설립기

김이수 글 | 유설화 그림

파란자전거

| 추천의 말 |

고전 속에 살아 숨 쉬는 특별한 경제 이야기

스토리텔링으로 살아 있는 경제를 만나다!

TV를 켜고 인터넷을 열면 경제 관련 기사와 뉴스가 참 많이 나옵니다. 또한 어른들의 대화에서도 경제 관련 이야기는 끊이질 않습니다. 증가하는 가계 부채와 신용 불량 등 사회문제로까지 이어지고 있는 지금, 어린이와 청소년을 위한 경제 교육이 더욱더 중요해지고 있습니다. 그런데 경제, 생각보다 매우 어렵고 낯섭니다. 저도 학교에서 경제를 가르치며 아이들에게 국내 총생산, 실업, 인플레이션, 환율 등 어려운 경제 개념들을 어떻게 쉽게 가르칠 수 있을까? 하는 고민을 늘 해 왔습니다.

그런 의미에서《조선 갑부 홍보의 홍보은행 설립기》는 우리의 이러한 고민을 단번에 날려 줄 책입니다. 경제라는 낯선 바다에서 따뜻한 등대의 불빛처럼 우리를 안내합니다. 경제가 쉽게 느껴지고 다가설 수 있게 해 줍니다. 조금은 딱딱한 경제 기사나 교과서의 지문과는 다릅니다. 이 책은 재미난 역사 속 인물들의 이야기와 삽화로 우리에게 경제를 재미있게 배울 수 있도록 해 줍니다. 그렇습니다. 경제는 멀리 있지 않았습니다. 우리가 어린 시절 읽었던 전래 동화에도 녹아 있었습니다.

《흥부와 놀부》는 작가의 상상력이 더해져, 이제 경제 이야기로 재탄생합니다. 우리에게 어렵게만 느껴지던 물가, 인플레이션, 실질 가치와

명목 가치, 매점매석, 은행, 금리 등의 경제 개념이 흥미진진한 이야기 안에서 살아 숨 쉬고 있습니다. 차근차근 흥보네 가족 이야기에 귀 기울이다 보면 어느새 낯선 경제 개념들이 우리에게 한발 다가와 있습니다. 중간중간 따뜻하게 그려진 큰돌이의 경제 만화도 참 재미있습니다. 큰돌이는 그동안 몰랐던 경제 개념들을 어린이의 눈높이에서 쉽게 알려 줍니다. 큰돌이가 나오는 만화는 글과 연계되어 경제 이야기에 더욱 더 몰입할 수 있게 합니다. 또한 전래 동화의 주인공인 몽룡, 길동, 심청이를 새롭게 만나며 기존의 전래 동화와 비교해서 읽는 것도 이 책을 읽는 재미 중 하나입니다. 《조선 갑부 흥보의 흥보은행 설립기》는 우리에게 전통에 대한 새로운 시각, 우리 전통 이야기의 재미를 모두 제공하는 종합 선물인 셈입니다.

경제, 이제 이야기 안에서 재미있게 즐기자!

경제는 영어로 이코노미(Economy)라고 합니다. 이코노미는 그리스 말로 집을 나타내는 "오이코스(Oikos)"와, 관리를 뜻하는 "노미아(Nomia)"를 합친 "오이코노미아(Oikonomia)"에서 유래합니다. 즉 집안 살림을 관리한다는 이야기입니다. 동양에서 경제(經濟)란 말은 "경세제민(經世濟民)"의 줄임말로 "나라를 다스리고 백성을 구제한다"는 뜻을 갖고 있습니다. 이처럼 동서양의 어원에서 경제는 개인과 국가에서 매우 중요한 활동입니다. 그리고 경제는 일상생활에서 매일 일어나는 현상입니다. 이렇게 중요하고 일상적인 경제를 우리는 이 책 안에서 유쾌하게 만날 수 있습니다.

그중《조선 갑부 흥보의 흥보은행 설립기》에서 이야기의 주 소재가 되는 "용지불갈지전"과 은행의 역할은 우리 주변에서도 쉽게 볼 수 있습니다. 화폐가 많이 발행되고 세상에 돈이 많아지면 부자가 될 것 같은 착각을 불러오는 경제의 피해를 우리는 "인플레이션"을 통해 알 수 있습니다. 우리 역사에서도 흥보가 알려 주는 인플레이션의 위험성을 만날 수 있습니다. 고종 3년 때 흥선대원군은 경복궁 공사를 위해 당백전이라는 새로운 돈을 발행하게 됩니다. 당백전은 상평통보의 100배나 되는 가치를 지니고 있었습니다. 이렇게 무모한 화폐 발행은 결국 물가를 매우 상승하게 했습니다. 주 식량이던 쌀의 가격은 6배가 뛰었으며, 사람들은 더 이상 당시의 돈으로 거래를 하지 않으려 했습니다. 그 결과 시장은 침체되었고, 백성들의 삶도 더욱 힘들게 되었습니다. 이러한 장면들은 세계에서도 찾아볼 수 있습니다. 2008년 아프리카의 짐바브웨에서는 역사상 최고액권으로 기록된 100조 달러가 발행되었고, '2억 3100만%'라는 물가 상승률을 기록하기도 했습니다.

책 속의 주인공들과 함께 "용지불갈지전"의 문제를 해결하기 위해 고민하다 보면 어린이들도 어느새 합리적인 경제 의식을 기를 수 있을 것입니다. 또한 올바른 경제 정책을 보는 시야도 커질 수 있습니다.

자! 지금부터 여러분은 흥보네 가족과 함께 웃고 떠들면서 경제를 즐기시면 됩니다. 어려운 경제 기사, 경제 개념들은 잠시 내려놓고 흥보네 장남 큰돌이를 따라서 이야기 속으로 들어가 보세요. 실컷 웃고 즐기면서 경제를 만나길 기원하며 글을 마칩니다.

2014년 10월

전국사회과교과연구회 이두현, 박남범

부자가 된 흥보, 정말 행복했을까?

저는 세상 모든 것이 궁금했어요.

지구는 지금 이 순간에도 정말 돌고 있을까?

키가 크면 정말 멋진 사람일까? 나처럼 키가 작으면 누구도 거들떠보지 않을까?

인어공주는 치마를 입을까, 안 입을까?

그러다 갑자기 진짜 궁금해졌어요.

흥부는 정말 박 씨 하나로 부자가 되었을까?

제비 다리 하나 고쳐 주었다고 평생 쓸 돈이 거저 생기고 부자가 된다면 과연 행복할까?

그렇다면 가난한 사람들은 모두 좋은 일을 하지 않아서 가난해진 것일까?

그리고 드디어 결론을 얻었지요.

"절대 그렇지 않아. 노력하지 않고 얻은 것은 행복을 가져다주지 않아."

음, 이건 사실 집 앞 텃밭에서 얻은 결론이에요.

저는 평소에 고구마를 좋아해서 자주 사 먹었어요. 그런데 제가 좋아하는 고구마를 사 왔을 때 행복한 느낌이 들지는 않았어요. 그냥 먹고 싶어서 샀을 뿐이죠.

그런데 몇 해 전, 집 앞 텃밭에 고구마를 심은 적이 있어요. 초여름에 고구마를 심고 기다렸지요. 그리고 가을이 되었어요. 드디어 고구마를 캐기 시작했는데, 와! 정말 땅속에 그동안 보이지 않던 큼지막한 고구마가 주렁주렁 묻혀 있는 거예요. 그걸 캐낼 때 얼마나 행복했는지 여러분은 모르실 거예요. 아, 저처럼 고구마를 심고 캐 본 친구들은 알겠지만.

그때 확신했어요.

"흥보랑 흥보네 가족도 절대 행복하지 않았겠구나."

스스로 노력해서 얻은 것은 아무리 작은 것도 기쁨을 주지만, 아무 노력도 없이 생긴 것은 기쁨을 주지 않는다는 사실을 깨달은 거지요.

이 이야기는 그때 생각한 거예요.

흥보 이야기를 모르는 친구들은 아마 없을 거예요. 그래서 제 이야기를 읽다 보면 머리가 지끈거릴지도 몰라요.

"이런 터무니없는 생각을 하다니!"

그렇지만 또 다른 친구는 이렇게 생각할지도 모르죠.

"맞아. 이 홍보 이야기가 더 재미있는데! 게다가 새로운 지식도 얻을 수 있고."

어떻게 생각해도 괜찮아요.

저는 그냥 궁금해서 이 이야기를 썼고, 여러분에게 제 이야기를 전하게 된 지금 무척 행복하니까요.

2014년 10월
김이수

차례

놀보도 몰랐던 흥보네 이야기

그건 차차 알게 될 거야.
그건 그렇고 그때 마을 사람들은 우리 아버지 박흥보가 쫓겨나는 걸 보고 모두 고개를 끄덕였어.
그런데 이 마을에 와서 살기 시작하자 사람들은 모두 큰아버지에게 손가락질을 했어. 그리고 우리더러 들으라는 듯 온갖 말을 했지.
아니, 그렇게 부자면서 아우네 식구를 모두 쫓아낸다는 게 말이 돼?
글쎄 말이야. 얼마나 독한 사람이면 자기 동생을 쫓아낼까? 사람도 아니야.
지독한 인간이래. 돈 앞에서는 피도 눈물도 없다던데.
애들 먹는 게 아까워서 애도 안 낳았다던데 뭐.
진짜 대단하군. 그렇게 돈 벌어서 어디에 쓰려는 걸까?
그런데 내가 보기에는 반드시 그런 것 같지는 않아. 여하튼 우리는 쫓겨나서 꽤 멀리 떨어진 이 마을로 와서 살고 있어.
음…

한 냥

우리 집 무너진다!

지난가을, 온 마을을 돌아다니며 한 아름, 두 아름 주워 모은 볏가리로 힘들게 올린 초가지붕. 그 지붕을 무너뜨릴 만큼 큰 박이 열리기 시작하면서 우리 가족은 초비상이 걸렸다.

아버지와 어머니는 이 일 때문에 하루가 멀다 하고 부부싸움이시다.

사실 우리 부모님은 마을에서도 사이가 좋기로 유명하신 분들이었다. 내가 봐도 샘이 날 만큼 두 분의 사이는 좋다. 오죽하면 큰아버지와 함께 살 때, 큰어머니께서 걸핏하면 이런 말을 하셨을까.

"아따, 그렇게 좋으면 둘이 나가 오붓하게 살지, 왜 다른 사람하고 함께 산디야? 그 이쁜 색시 다른 사람이 보면 닳아서 아깝지 않나? 그러니 후딱 나가!"

그 말 때문은 아니겠지만, 우리 가족 열 명은 큰아버지 댁에서 쫓겨나 버려진 땅에 얼기설기 주워 온 나무와 갈대로 지은 집에서 살게 되었다.

그런데 요즘 들어 두 분은 입만 열면 제비 이야기, 박 씨 이야기, 그리고 지붕 이야기로 다투신다.

"이 집 무너지면 어떻게 하실 거예요?"

"다시 지으면 되지."

"여봇! 지난가을에도 논 한 마지기 없어서 온 마을을 돌아다니며 볏가리 주워서 지붕 올린 것 벌써 잊어버렸어요?"

"다시 주워 오면 되지."

"참, 당신은 마음 편해서 좋겠구려. 얘들아! 지붕 무너지면 나는 더 이상 못 사니까 너희들이 저 박 책임져라."

"그래라."

아버지께서는 늘 이렇게 천하태평이시다.

그래서 두 분의 싸움이 크게 번지지는 않지만, 그래도 우리는 불안했다. 부부싸움을 한 번도 본 적이 없어서 큰소리치는 어머니를 보는 것도 불안했고, 정말 지붕이 무너질 만큼 하루가 멀다 하고 살이 찌는 박을 보는 것도 불안했다.

"형, 진짜 우리 집 무너지면 어떡해?"

"야, 집이 그렇게 쉽게 무너진대?"

열 살 먹은 꼬돌이가 묻는 말에 나도 모르게 짜증이 났다.

"내가 보기에도 지붕이 위험해 보여. 박이 너무 크잖아."

작돌이 녀석까지 거들고 나선다.

“작돌이 네가 뭘 안다고 그래? 고작 열다섯 살밖에 안 된 녀석이.”

“그럼 형은 몇 살인데?”

“이 자식이 형 나이도 몰라?”

사실 이 집에서 나만큼 똑똑한 사람은 없다. 서당에 가 본 게 나와 중돌이, 키돌이, 셋뿐이지만 두 녀석은 아주 어릴 때 다녔기 때문에 아무것도 모른다.

“모르면 뭐 어때서? 서당도 안 다녔고 형이 가르쳐 준 적도 없잖아.”

“야, 그럼 나는 서당 다녔냐?”

“형은 그래도 서당 문턱이라도 넘어 봤잖아.”

작돌이 녀석이 눈을 부라리며 대들었다.

“어쭈? 이 녀석을!”

그런데 솔직히 할 말이 없었다.

큰아버지 댁에서 쫓겨나기 전에는 그 고을에서 가장 잘사는 축에 속했기 때문에 나도 서당에 다닐 수 있었다. 그렇지만 고작 삼 년밖에 못 다녔다.

내가 열 살 되던 해에 큰아버지께서 우리를 쫓아냈으니까. 내가 이 집에서 가장 똑똑한 것은 사실 그 때문이다.

중돌이와 키돌이 녀석 모두 나랑 같이 서당에 다녔지만, 글이나 지을 줄 알지 나처럼 똑똑하지는 않다.

“여하튼 집 안 무너지니까 걱정 마! 자식들, 공부도 못하는 것들이.”

나는 나를 둘러싼 동생들을 쓰윽 쳐다보고는 자리를 피했다.

그러나 나 또한 걱정이 안 되는 것은 아니다. 정말 박들은 커도 너무 크다. 벌써 오른쪽 지붕은 약간 기운 듯했다. 그렇다고 무슨 뾰족한 수가 있겠는가? 그냥 둘 수밖에.

"끼안녕, 끼계, 끼세, 끼세요."

공연히 마음이 울적해서 기울어져 가는 지붕을 보고 있는데, 갑자기 서쪽 하늘이 시끄러웠다.

'또 제비 녀석이 우는군.'

나는 제비 울음소리가 들리는 서쪽 하늘을 물끄러미 쳐다보았다.

그런데 한쪽 다리가 약간 짧은 그 제비 녀석이 나를 보고 날갯짓을 하는 게 아닌가.

"끼안녕, 끼계, 끼세, 끼세요."

어, 그러고 보니 울음소리가 약간 달라진 듯했다.

'가만, 안녕……히 계……세요……?'

그럼 떠난다는 말인가? 깜짝 놀란 내가 제비를 올려다보았다. 그러자 진짜 제비 녀석이 나뿐 아니라 우리 집을 향해 손, 아니 날개를 열심히 흔들고 있었다.

"아버지, 어머니! 제비가 인사를 해요!"

내가 크게 소리치자 방 안에서, 부엌에서, 뒷마당에서 우르르 가족들이 모여들었다.

"어디?"

"저기요."

나는 손을 들어 서쪽 하늘에서 날갯짓하는 제비를 가리켰다.

"정말이구나."

"여보, 꼭 작별 인사를 하는 것 같지 않아요?"

방금 전까지 아버지를 향해 큰소리치던 어머니께서 어느새 다정한 말투로 말씀하셨다.

"그러게 말이오."

아버지께서는 늘 그렇듯이 대꾸만 하셨다.

제비는 그런 사실을 아는지 모르는지 한참 동안 날갯짓을 하더니 이윽고 지붕을 무너뜨릴 만큼 탐스럽게 열린 박 위에 앉았다.

"어? 떠나는 게 아니었나?"

나는 제비가 박 위에 앉는 모습을 보고는 다시 한 번 놀랐다.

그런데 진짜 놀랄 일은 다음에 일어났다.

"끼슬, 끼슬겅, 끼슬, 끼슬겅!"

제비 녀석이 울음소리를 내면서 박 위에서 미끌어지듯 앞으로 왔다가 뒤로 가기를 반복하는 게 아닌가!

"저게 뭐하는 거야?"

순돌이가 물었다.

"글쎄, 저게 무슨 행동일까?"

제비가 제 몸보다 백배는 더 큰 박 위를 앞뒤로 왔다 갔다 하는 까닭은 무얼까? 나처럼 똑똑한 사람도 알 수 없었다. 그러니 어떡하지? 내

끼슬, 끼슬겅
끼슬, 끼슬겅

가 모르면 아무도 모를 텐데.

그때였다.

"아! 알았다. 박을 켜라는 말이야. 톱으로 박을 앞뒤로 켜라, 이 말이잖아."

꼬돌이 녀석이 소리쳤다.

고작 열 살밖에 안 된 녀석이!

"야, 말도 안 되는 소리 하지 마! 이제 한가위인데 벌써 박을 탄다고? 조금 두면 더 클 텐데."

나는 어린 녀석이 잘난 체하는 게 아니꼬워 혼쭐내 주었다.

"지금도 지붕이 무너질까 두렵다며? 근데 왜 박을 켤 생각은 안 해?"

어, 정말 그렇다. 그렇지만 여기서 지면 안 된다. 난 스무 살이고 꼬돌이는 열 살밖에 안 됐잖아.

"야, 지붕 안 무너져. 그런 걱정 하지 말고 넌 나가서 개구리나 잡아 와라. 구워 먹게."

"형은 괜히 그래. 엄마, 저것 보세요. 분명 박을 켜라는 거잖아요. 안 그래요?"

"글쎄, 그런 것 같기도 하고……."

꼬돌이 녀석 말에 어머니께서 고개를 갸웃거리셨다.

사실 내가 봐도 꼬돌이 녀석 말이 맞는 듯했다. 그렇지만 나보다 훨씬 어린 녀석에게 질 수는 없지. 암, 내가 누군데!

"여보!"

"엉?"

어머니께서 갑자기 큰 소리로 부르시는 통에 아버지께서 깜짝 놀라 대답하셨다.

"땁시다."

"엉?"

"박을 따자고요."

"엉."

어이쿠, 드디어 어머니께서 꼬돌이 녀석에게 설득 당하셨다. 그럼 나는? 바보 된 거지.

어머니 말씀에 단 한 번도 거역한 적이 없는 아버지께서는 대답이 끝나자마자 지붕을 쳐다보셨다.

"근데 저걸 어떻게 딴담?"

맞다. 저걸 따는 것도 보통 일이 아니다. 박의 무게만으로도 지붕이 무너질 위기에 처해 있는데, 저걸 따려고 누군가 지붕에 올라갔다가는 그 순간 우리 집은 붕괴다.

"……?"

우리 가족은 물끄러미 서서 지붕만 쳐다보았다.

그 순간에도 제비는 계속 박 위에서 앞뒤로 오가며 "끼슬, 끼슬경, 끼슬, 끼슬경!" 하며 울 뿐이었다.

나는 그 순간 머리를 재빨리 굴리기 시작했다.

'이번에는 질 수 없다. 내가 먼저 방법을 생각해 내야지. 우리 집에서

내가 가장 똑똑하니까.'

그런데 아무리 생각해 봐도 저 무거운 박을 온전히 따 낼 방법이 떠오르지 않았다.

아래에서 잡아당겼다가는 박이 땅에 떨어져 박살이 날 게 분명했다. 그것도 운이 좋을 때의 일이다. 운이 나쁘면 누군가 박에 깔려 목숨이 위태로울 수도 있다.

내 머리가 돌다가 결국 멈추었다. 더 이상 돌리는 것은 쓸데없는 일이었다.

"좋은 수가 생각났어요."

이건 또 뭐야? 좋은 수라니! 나같이 똑똑한 사람도 수가 없는데, 도대체 누구야?

작돌이가 외쳤다.

"저걸 그냥 따려다가는 우리 집이 무너지거나 누군가 다칠 게 분명해요. 자칫하면 박이 깨질 것이고요."

어머니께서 작돌이를 바라보셨다.

"그러니까 어쩌자고? 나도 그 정도는 안다, 작돌아!"

그러면 그렇지. 작돌이 네가 무슨 수가 있겠니, 이 형이 없는데.

"지붕 아래에 풀을 쌓는 거예요. 우리 모두 나가서 풀을 베어다가 쌓은 후에 그 위로 박을 떨어뜨리면 되잖아요. 그럼 박도 안 깨질 것이고, 아무도 다치지 않을 거예요."

오호, 그런 방법이 있었구나. 그때 기가 막힌 생각이 떠올랐다.

"이 녀석아! 누가 그걸 모르니? 박이 달린 줄기를 어떻게 끊느냐 하는 게 문제지. 나도 그 정도는 안다고. 박 줄기를 끊으려면 지붕에 올라가야 하는데 어떻게 올라가느냐 이 말이야. 으휴, 저런 무식한 녀석!"

어디 어린 녀석이 잘난 체를. 나는 간단히 작돌이를 제압했다는 생각에 기쁨의 웃음이 절로 나왔다.

"형도 참. 왜 지붕엘 올라가? 감 따듯이 장대에 낫을 묶어서 박이 달린 줄기를 끊으면 되잖아."

그 말을 듣는 순간 갑자기 배가 살살 아파 왔다. 설사인가? 먹은 것도 없는데 왜 갑자기 설사가 나지?

"아흐으으, 배 아파. 난 똥 싸러 간다!"

말이 끝나기 무섭게 나는 가마니로 둘러싸인 변소를 향해 달려갔다. 그런데 이를 어쩌지. 바지를 벗고 앉기도 전에…….

두 냥

흥보네 박 떨어진다!

배 속에서 갑자기 벌어진 전쟁을 가까스로 마무리하고 변소에서 나왔을 때는, 이미 좁은 마당이 아수라장으로 변해 있었다.

"빨리빨리 가져와!"

내가 없는 사이 나보다 세 살이나 어린 중돌이 녀석이 어머니 옆에 떡하니 자리를 잡고는 동생들을 다그치고 있었다. 동생들은 열심히 동네 뒷산을 오르내리며 자랄 만큼 자라 막 갈색으로 변하고 있는 풀들을 잘라 와 마당에 쌓고 있었다.

"힘들어!"

"뭐가 힘들어. 박을 켜서 죽 끓여 먹으려면 더 빨리 움직여!"

중돌이는 안 그래도 먹은 게 없어 힘도 없는 동생들에게 소리만 지를 뿐이었다.

"중돌아, 왜 동생들을 괴롭혀! 너는 손 하나 까딱 안 하면서."

나는 아직도 부글거리는 배를 쓰다듬으며 녀석을 향해 한마디 했다.

"형은 어디 갔다 갑자기 나타나서 일하는데 방해야, 방해는."

"이 녀석이?"

난 어이가 없다는 표정으로 중돌이를 향해 눈을 부릅떴다. 그러나 녀석은 전혀 기가 죽지 않았다.

"왜? 어머니께서 나보고 여기에 풀을 높이 쌓으라고 하셨다고."

어휴, 오늘은 뭔가 일이 잘 안 풀린다. 대꾸할 말을 잃은 나는 하릴없이 중돌이 옆에 서서 동생들이 가져오는 풀을 받아 쌓기 시작했다.

"큰돌아! 넌 옆집 청이네 가서 톱 좀 빌려 오거라."

열심히 풀을 쌓고 있는데 갑자기 어머니 목소리가 들렸다. 청이네 가서 톱을? 아니, 동생이 일곱이나 있는데 하필이면 그런 하잘것없는 심부름을 맏이인 내게 시키시다니……. 그렇지만 나는 전혀 불만을 드러내지 않았다. 만일 몽룡이네 집에 갔다 오라거나 팥쥐네 집에 가라고 하셨으면 화를 벌컥 냈을 것이다. 그리고 중돌이나 작돌이에게 대신 갔다 오라고 소리쳤을 것이다. 그러나 청이네라니! 이런 횡재가 있나!

사실 스무 살이 되도록 장가를 못 간 것은 온전히 우리 집이 가난해서다. 나처럼 머리 좋고 잘생긴 청년이 어찌 이 나이가 되도록 장가를 못 갈 수가 있단 말인가. 몽룡이 녀석은 고작 열여섯 살에 장가를 들었는데 말이다. 사실 그 녀석이 장가를 일찍, 그것도 얼굴 예쁜 향단이와 혼인을 할 수 있었던 것은 아버지가 사또라서다. 얼굴도 나보다 못하

고 머리도 나보다 나쁜데 말이다.

사또 아들이니까 여자애들이 무조건 좋아한다.

정말 큰일이다. 혼인도 사람을 보고 하는 게 아니라 집안 좋고 돈 많으면 무조건 좋아하니 말이다.

그러나 내 곁에는 청이가 있다. 이제 열다섯 살인 청이는 내 희망이요, 미래다. 난 언젠가 청이와 혼인할 생각이다. 흐흐, 그날을 생각만 해도 웃음이 절로 나온다.

쉿, 이 사실을 우리 식구는 아무도 모른다. 난 짐짓 불만인 듯한 표정을 지으며 청이네 집으로 향했다.

청이네 집 또한 우리 집만큼이나 가난했다. 울타리조차 없는 우리 집에 비해 그래도 청이네 집은 얼기설기 엮은 울타리라도 있다. 물론 청이 아버지께서는 눈이 안 보이시니까 울타리가 자칫하면 장해물이 될 수도 있다. 그래도 그 집에는 도적이 들면 가져갈 것이 조금은 있었다. 게다가 나처럼 건장한 아들이 없으므로 도적을 물리칠 수도 없다. 그러니

당연히 울타리가 있어야겠지.

하지만 우리 집에는 나처럼 용감한 사내도 있지, 게다가 가져갈 것도 없으니 울타리가 필요 없다.

"청아!"

청이네 싸리문은 열려 있었다. 인기척이 없어 다시 한 번 불렀다.

"심청!"

그러자 청이네 여닫이문이 부스스 열렸다.

"누구요?"

청이 아버지시다. 이 어른은 성함이 심학규시다. 훗날 내 장인이 되실 분이니 아무리 눈이 안 보이신다 해도 깍듯해야 한다.

"저, 옆집 큰돌이입니다. 어르신."

청이 아버지께서는 잠깐 고개를 갸웃하시더니 이윽고 말문을 여셨다.

"청이는 앞마을 장 승상 댁에 갔는데……. 무슨 일이냐?"

또 장 승상 댁에 갔구나. 오늘도 청이 얼굴 보기는 글렀네. 나도 모르게 얼굴이 찌푸려졌다. 그렇지만 티를 내면 안 된다.

"저, 어르신, 혹시 톱 있으세요?"

"톱? 글쎄다. 있는지 없는지 내가 알 수 있겠니?"

아, 맞다. 장인어른, 아니 어르신은 앞을 못 보시는구나. 똑똑한 내가 왜 이리 깜빡하는지 모르겠다.

"그렇지만 어딘가 있지 않겠니? 난 안 보이지만 톱 없는 집이 어디 있을라고?"

근데 이 어르신이 누굴 약 올리시나. 우리 집에는 없다고요. 톱으로 자를 것도 없고 톱을 살 돈도 없다고요. 그렇지만 역시 티를 낼 수는 없다.

"그렇죠? 그럼 제가 찾아봐도 될까요, 어르신?"

"그래라. 네가 찾아보건 안 찾아보건 나는 안 보이니 알 수 없지."

여하튼 심학규 어르신께서는 매사에 독특하시다. 농담인지 진담인지 알 수 없는 말을 하시니 말이다.

나는 청이네 헛간부터 부엌까지 두루 찾아보았다.

"여기 어디 있을 텐데."

그러다 결국 찾아냈다. 긴 톱은 오랫동안 쓰지 않았는지 여기저기 녹이 슬었고, 군데군데 톱니도 빠져 있었다. 그렇지만 이 정도 톱이라도 구했으니 감지덕지다.

난 부리나케 마당으로 나와 미래의 장인어른께 인사를 했다.

"어르신, 톱 찾았습니다. 얼른 쓰고 돌려드릴게요. 안녕히 계세요."

그렇지만 어르신은 문도 열어 보지 않으셨다. 그저 문틈으로 작은 소리가 흘러나올 뿐이었다.

"그……래라……."

집에 도착해 보니 이미 마당에는 풀이 산더미처럼 쌓여 있었다.

"이 정도면 박이 굴러도 깨지지 않을 거야. 어머니, 그렇죠?"

중돌이 녀석이 의기양양한 표정을 지었다.

"글쎄다. 그렇지만 조심해야 해. 저 박이 네 동생 위로 구르는 날이면 뼈도 못 추릴 테니까."

맞다. 박이 얼마나 큰지 그 밑에 깔리는 날에는 어린 동생이 아니라 나라도 살아남기 힘들 듯했다.

"너희 아버지는 어디 가셨니?"

그러고 보니 아버지께서 안 보이셨다.

온 가족이 박을 따기 위해 애쓰는데 아버지께서는 어디 가셨지?

하기야 하루 이틀 일이 아니었다. 아버지께서는 늘 돈을 구하러 나간다, 먹을거리를 구하러 나간다, 일자리를 구하러 나간다, 하시면서 사라지시지만 단 한 번도 그럴듯한 것을 구해 오신 적이 없었다.

아, 언젠가 한 번 꽤 많은 돈을 구해 오신 적이 있었다.

"어디서 이 많은 돈을 구해 오셨소?"

깜짝 놀란 어머니께서 묻자 아버지께서 웃으며 대답하셨다.

"하하하, 내가 이 정도 돈도 못 구할 사람으로 보이나? 내가 마음만 먹으면 언제든 구할 수 있다고. 다만 너무 풍족하면 낭비하게 되니 내가 참는 거지."

참 말씀은 잘하신다. 너무 풍족한 것은 고사하고 너무 부족해서 문제라는 것을 모르는 건 아버지 한 분뿐이었다.

훗날 알게 되었는데, 그 돈은 우리 마을에서 가장 부자인 홍 참판 댁에 가서 우리 집을 잡히고 빌린 것이었다. 그러니까 일 년에 한 번씩 이자를 내기로 약속하고 돈을 빌렸던 것이다. 만일 이자를 내지 못하면? 그럼 우리는 이 집을 홍 참판 댁에 빼앗길 판이었다. 그래도 홍 참판 아들인 길동이가 내 친구라서 크게 걱정하지는 않았다. 길동이는 부잣집 아들인데도 품성이 좋았다. 그래서 나보다 한두 살 어리지만 나보다 어른스러웠다. 그러니 무슨 일이 있어도 우리 집을 빼앗지는 않을 것이다. 근데 길동이가 자기 아버지를 설득할 수 있을까? 그게 걱정이기는 하지만.

그건 그렇고, 아버지는 정말 못 말릴 분이다. 아무리 힘들다고 집을 잡히고 돈을 빌리다니! 그러다가 집마저 빼앗기면 우리 가족은 어디 가서 산단 말인가.

그 일을 알게 된 어머니는, 내가 알기로는 처음으로 아버지와 크게 싸우셨다.

그렇지만 아버지께서는 그때도 천하태평이셨다.

"허허, 여보. 우리가 열심히 일하면 그까짓 이자 못 내겠소?"

"이자가 얼마나 되는지 알기나 해요?"

"일 년에 쌀 한 섬이지."

"우리가 쌀 한 섬을 어디서 구해요?"

“그래도 그 돈 덕분에 당신도 삼 년 만에 옷 한 벌 해 입었고, 우리도 배불리 먹지 않았소? 그러면 됐지.”

“참, 답답하십니다. 당신 속에 한 번 들어가 보고 싶구려. 어떻게 하면 그리 태평한지.”

사실 나도 아버지 속에 한 번 들어가 보고 싶다. 어쩌면 저리 한가하신지.

그때부터 아버지를 제외한 모든 가족들이 좌불안석이었다. 자칫하면 집을 빼앗기고 노숙자 신세가 될 테니까.

지금도 마찬가지였다. 모두들 박을 탄다고 난리인데 아버지께서는 또 어디를 가셨는지 안 보이셨다.

꼬돌이 녀석은 벌써 감 딸 때 쓰는 도구를 가지고 와서 사다리를 타고 지붕 가까이 오르고 있었다.

“잘 잡아. 내가 박 줄기를 끊을 테니.”

“꼬돌아, 조심해!”

어머니는 근심스러운 표정으로 녀석을 올려다보셨다.

“꼬돌아, 형이 할 테니 내려오렴.”

난 의젓하게 말했다. 이런 일이라면 아무래도 맏형인 내가 해야 어머니도 불안하지 않으실 테니까.

“큰돌아, 넌 이리 와서 박 떨어지면 잡기나 해라. 원, 무슨 일을 맡겨도 제대로 한 적이 있어야지.”

으잉! 이게 무슨 말이지? 날 못 믿는단 말인가.

난 어이가 없어서 어머니를 바라보았다. 그러나 어머니는 내게 눈길 한 번 주지 않으시고 꼬돌이만 보고 계셨다.

왜 어머니는 날 못 믿으시는지 답답했다. 우리 집에서 가장 똑똑한 나를 말이다.

그렇지만 지금은 내가 참을 때다. 우선 박을 타야 하니까.

꼬돌이는 조심스레 지붕 가장자리에 한 발을 올려놓고는 낫이 달린 긴 막대를 박 줄기를 향해 밀고 있었다.

"금방 자를 거야. 모두들 준비해."

"알았어!"

아래에서 모두가 합창하듯 소리쳤다. 모두들 커다란 박으로 죽 끓여 먹을 생각에 힘이 솟는 듯했다.

"자, 간다!"

크게 소리를 지른 뒤 꼬돌이는 천천히 박 줄기를 끊기 시작했다.

"와, 질긴데."

"당연하지. 박이 그렇게 큰데 그 줄기가 약하겠니?"

중돌이 녀석이 아는 체를 했다.

"곧 끊어지겠어. 준비해!"

꼬돌이의 말에 아래 있는 우리 모두는 풀 더미를 다시 다듬으며 만반의 준비를 했다.

"처음에 이리 떨어지면 옆으로 방향을 튼 다음, 마당까지 천천히 굴려 내려와야 해, 알았지?"

난 풀 더미 곁에 늘어선 동생들을 향해 말했다.

"야, 큰돌아. 이미 다 알고 준비하고 있잖아. 그러니 넌 맨 마지막에서서 다 내려온 박을 잡기나 하라니까."

또 어머니시다. 정말 왜 어머니는 나를 못마땅하게 여기시는 거지?

"꼭 지 아버지 닮아 가지고 말만 앞서니, 참."

혼잣말을 하신 듯한데, 다 들렸다. 내가 아버지를 닮았다고? 글쎄, 난 그렇게 생각하지 않는다.

그 순간이었다.

"와! 박이 구른다."

정말 바위처럼 큰 박이 지붕을 타고 내려와 쌓아 둔 풀 더미 위에 사뿐히 내려앉았다.

"옆으로 밀어라!"

말이 끝나기가 무섭게 중돌이와 작돌이, 꼬돌이가 풀 더미 위에서 박을 잡고는 마당을 향해 천천히 밀기 시작했다. 박은 얼음판을 미끌어지듯 부드럽게 마당으로 굴러 내려왔다.

"야, 잡아!"

나는 있는 힘껏 소리를 지르며 구르는 박을 막아섰다.

그러자 박이 천천히 멈췄다.

"와! 성공이다!"

이게 뭐야?

모두들 박을 둘러싼 채 박수를 치고 소리를 지르며 신 났다.

"자, 그럼 박을 타자꾸나."

어머니 말씀이 끝나자마자 동생들이 모두 달려들어 내가 청이네 집에서 빌려 온 톱을 잡았다.

"야, 조심해! 톱에는 날이 있어서 손을 다칠 수 있단 말이야."

난 이 일이야말로 내가 해야 한다고 여기고는 톱의 한쪽을 난난히 잡았다.

그런데도 동생 녀석들은 꿈쩍도 하지 않았다.

"나도 켤 거야."

"나도."

"힘은 내가 장사거든."

"야, 밀지 마."

어휴, 이 녀석들 정말 철이 없다.

그때였다.

"얘들아, 물러나라. 톱질은 내가 하마."

갑자기 들려온 소리에 모두들 고개를 돌렸다. 거기엔 벌건 얼굴의 아버지께서 서 계셨다. 어디서 또 공짜 술 한잔 얻어 마신 모양이었다.

"당신, 어디 갔다 이제 와요?"

"어허, 내가 언제 쓸데없는 짓 하고 다니는 거 봤는가? 저 윗집 박 서방네 집에서 뭘 좀 물어보겠다고 나를 부르더라고. 그러더니 술 한잔 대접하면서 이것저것 물어서 가르쳐 주고 왔지, 에헴!"

이 말을 믿는 사람은 적어도 우리 집에는 없을 것이다. 아버지께서는 늘 저렇게 허풍이시다. 분명 마을 아저씨들이 모여 일하는 곳에 끼어들어 술만 얻어먹고 오신 게 틀림없다.

재산 한 푼 없고, 직업도 없으며, 집도 언제 빼앗길지 모르는 아버지께 뭘 물어본단 말인가.

그렇지만 아버지께서는 언제나처럼 늠름하셨다.

"자, 박을 켜자꾸나."

말을 마친 아버지께서는 술 냄새를 풀풀 풍기면서 터억 하니 자리를 잡고 앉으셨다.

"자, 저쪽에는 큰돌이, 아니 당신이 앉으시구려. 부부가 사이좋게 타야 잘 타질 테니 말이오."

"참, 당신도. 박을 부부가 타야 잘 타진다고 누가 그래요?"

어머니는 말은 그렇게 하시면서도 기분이 나쁘지는 않으신 듯 맞은 편에 앉으셨다.

"자, 그럼 박을 타 봅시다. 너희들은 박타는 소리를 내거라, 알았지?"

"예!"

마당이 쩌렁쩌렁 울렸다. 얼마 후 먹게 될 박죽을 생각하니 없는 힘까지 솟는 듯했다.

"슬근슬근 톱질이야."

아버지께서 처음으로 소리를 내시더니 이내 톱질을 시작하셨다. 그러자 어머니도 이에 맞추어 톱을 밀고 당기기 시작하셨다.

우리는 아버지께서 읊는 노랫소리에 맞춰 함께 소리를 질러 댔다.

얼마나 톱질을 했을까?

"펑!"

와, 하늘이 무너지는 듯한 소리가 나는 것이 아닌가.

"깜짝이야!"

"큰돌이 살려!"

깜짝 놀란 나는 걸음아 날 살려라! 하는 마음으로 내빼기 시작했다. 어떻게 피했는지도 모르겠지만 정신을 차려 보니 변소를 가리고 있는 거적 뒤에 앉아 있었다. 갑자기 똥 냄새가 코를 찔렀다. 그러나 지금 그런 것을 걱정할 때인가? 거적 틈으로 밖을 내다보자 모두들 이리 뛰고 저리 뛰며 도망가기에 바빴다. 그런데 소리만 큰 게 아니었다. 하늘 높은 줄 모르고 무시무시한 오색 연기까지 피어오르고 있었다.

'아니, 무슨 박 안에서 저런 게 나오지?'

난 사실 박속을 처음 본다. 그러니 저런 놀라운 것들이 박에 들어 있으리라고는 상상도 하지 못했다. 다른 녀석들도 마찬가지일 것이다.

그렇지만 부모님은 아실 텐데. 저분들도 박을 처음 타 보시나?

여하튼 무시무시한 광경에 놀란 나는 변소 안에서 꼼짝도 못한 채 쭈그리고 앉아 있어야 했다.

"박흥보 씨 댁 맞습니까?"

그때 내 귓가를 때리는 엄청난 소리가 들려왔다.

오색 연기 틈에서 앳된 동자 한 녀석이 나와서는 사방을 두리번거렸다.

박흥보라면? 아, 우리 아버지시다. 하도 들어 본 지 오래된 성함이라 잠시 헷갈렸다. 아버지, 어디 가셨지?

"박흥보 씨 계십니까?"

다시 한 번 앳된 동자 녀석이 물었다.

연기는 아직도 우리 집 마당을 가득 메운 채였다.

"캑캑…… 누……구……요?"

뿌연 연기 틈에서 아버지 목소리가 들려왔다.

"예, 저는 강남 연비국에서 온 꺽정이라 하옵니다."

"연……캑……비……캑……국? 그게 캑…… 뭔 나라……캑……요?"

"예, 연비국은 한자로 '제비 연(燕), 날 비(飛)'로 쓰는데, 제비가 날아다니는 나라란 뜻이옵니다."

"그나저나……캑…… 이 연기나……캑…… 어떻게……캑 해 보시오……캑."

맞다. 저 꺽정이란 녀석은 잘도 견디는데 우리는 왜 이리 힘든지 모르겠다. 자욱한 연기 때문에 숨도 제대로 못 쉴 정도니까.

"아, 알겠습니다. 저희는 늘 맡던 연기라 아무렇지도 않은데. 죄송합니다. 잠깐만 기다리십시오. 얘, 연기동자야!"

꺽정이란 녀석이 누군가를 부르자 머리는 밤톨만 한데 입은 하마같이 큰 녀석이 어디선가 나타났다.

"부르셨습니까, 꺽정 형님!"

"그래, 너 이 연기 좀 사라지게 하거라. 흥보 어르신께서 힘드시다는

구나."

"알겠습니다. 이 정도야 식은 죽 먹기죠."

말이 끝나기가 무섭게 연기동자란 녀석이 입을 열더니 '흐읍~' 하고는 숨을 들이쉬기 시작했다. 그러자 순식간에 마당 가득했던 연기가 걷히는 게 아닌가.

"와!"

우리 모두는 놀라움에 감탄사를 연발했다.

"됐습니까, 어르신?"

"어, 되었네. 고맙소. 그런데 자네는 이곳에 웬일인가……요?"

어린 모습에 반말을 하던 아버지께서 갑자기 말끝을 흐리며 존대를 하셨다. 사실 나도 꺽정인가 뭔가 하는 친구가 나보다 훨씬 어려 보이기는 하지만 반말을 하기는 뭔가 꺼림칙했다. 꺽정이가 입고 있는 옷이나 헌걸찬 몸, 다부진 목소리 등에 위엄이 서려 있기 때문이었다.

"말을 낮추십시오, 어르신. 저희는 연비국 대연황제님의 명령을 받고 박흥보 어르신을 뵈러 온 사신입니다."

"아니, 내게 무슨 볼일이 있어서 연비국 황제께서 사신을 보낸단 말인가……요?"

우리 형제들과 어머니는 숨을 죽인 채 아버지와 꺽정이의 대화에 귀를 기울였다.

"예, 다름이 아니옵고, 지난번에 연비국 시민인 제비 끼룩날라의 부러진 다리를 고쳐 주셨다는 소식을 들으시고 그에 대한 보답을 하라고 저를 보내셨습니다."

"어? 제비 다리라……."

"아버지, 지난번에 제가 뱀에게 쫓겨 둥지에서 떨어진 제비 한 마리 구해 줬잖아요."

중돌이 녀석이 나서며 말했다.

그러자 고개를 갸웃거리던 아버지께서 갑자기 생각났다는 듯 외치셨다.

"아, 맞아. 그랬지. 근데 그게 작년이었는데……."

그 말을 들은 꺽정이란 녀석이 대답했다.

"그렇습니다, 흥보 어르신. 작년에 끼룩날라가 다친 다리를 고친 후 가을에 돌아와 보고했습니다. 그래서 이번 봄에 박 씨를 갖다 드렸죠."

"맞아. 그랬구나. 왜 그리 큰 박이 열렸는지 궁금했는데 다 사연이 있었구나……요."

"그럼 저희 황제께서 보내 주신 선물을 흥보 어르신께 바치겠습니다. 받아 주십시오."

어느새 형제들과 어머니까지 꺽정이와 아버지 주위로 몰려들었다.

"도대체 뭘까, 선물이."

"쌀이나 담뿍 주면 오랜만에 밥을 실컷 해 먹을 텐데."

"야, 너희들은 어찌 그리 꿈이 작냐? 황제께서 보내 주신 선물인데 고작 쌀이겠냐? 소 한 마리는 끌고 오지 않았을까? 소 한 마리 있으면 불고기, 산적, 설렁탕, 등심구이, 너비아니, 꼬리찜에 육회까지 원 없이

먹을 수 있을 텐데…….”

정말 어린 녀석들이군. 고작 먹을거리나 생각하고. 내 생각에는 며느리 아닐까 싶은데.

사실 우리 집안에 가장 필요한 것은 며느리였다. 이건 절대 내가 장가들고 싶어서 하는 말이 아니다. 옛사람들께서는, 집안이 잘되려면 좋은 며느리가 들어와 자식을 많이 낳아야 한다고 했다. 그러니 분명 참한 며느릿감 한 사람 데리고 왔을 것이다. 그래야 진정 우리 집을 생각하는 황제지.

아, 그런데 문제가 있다. 청이는 어떻게 하지? 갑자기 두 사람이 내 앞에 나타났으니 행복한 고민이다. 그래도 오래 알고 지낸 청이를 내칠 수는 없지……만, 그렇다고 황제께서 보내 주신 며느릿감을 내치는 것도 예의에 어긋나니……. 일단 며느릿감을 보고 판단해야겠다. 흐흐, 생각만 해도 왜 이리 웃음이 나오지?

나는 흘러나오는 웃음과 침을 참지 못한 채 꺽정이의 행동을 유심히 살펴보았다.

‘언제 며느릿감이 나오는 거야? 박이 저렇게 크니 한 사람이 아니라 둘, 셋이라도 나오겠다.’

나는 나도 모르게 박 가까이 발걸음을 옮기며 고개를 옆으로 빼고 박 안을 들여다보았다.

그런데 꺽정이란 녀석은 내 바람과는 달리 박 안을 향해 아무런 행동도 하지 않았다. 대신 자기 호주머니에 손을 넣더니 조그마한 주머니

한 개를 꺼냈다.

"어르신, 이걸 받으십시오."

애걔? 고작 저 작은 주머니가 황제의 선물? 저 안에 금덩어리가 들어 있다 해도 내가 장가갈 밑천에는 턱없이 부족할 듯한데. 게다가 동생 녀석들 밥 먹이는 데도 부족할 듯싶었다. 나는 갑자기 무릎에서 힘이 쭉 빠져나가는 것을 느꼈다. 역시 내게는 청이뿐인가?

용지불갈지전

나는 실망하여 꺽정이란 녀석 얼굴도 보기 싫어 고개를 돌렸는데, 아버지께서는 좋다고 그 작은 주머니를 받으시며 함박웃음을 지으셨다.

"휴, 저러니 평생 고생이시지."

나도 모르게 한숨이 나왔다.

"그런데 이게 뭔 말인가……요?"

주머니를 받아 든 아버지께서 갑자기 꺽정이를 향해 물으셨다.

"어르신, 무슨 말씀이신지?"

"아니 여기 주머니에 뭐라고 수가 놓여 있는데, 분명 글씨 같아서 하는 말이오."

아버지 말씀이 끝나자 어머니와 꺽정이, 그리고 다른 녀석들까지 우르르 몰려들어 주머니를 살피기 시작했다.

나도 호기심에 주머니를 살펴보았다. 역시 뭐라고 수가 놓여 있었다.

"아, 이 글자 말이군요. 이건 '용지불갈지전, 박흥보 개탁'이라는 말입니다."

"용지불갈지전? 아하, 그렇구나. 잘 보니 나도 알겠네 그려……요."

아버지께서는 다 안다는 듯 고개를 끄덕이셨다.

"고맙소. 이 귀한 것을 전해 주다니."

"무슨 말씀을요. 저

는 황제님의 부르심을 받고 파견된 사신에 불과합니다. 이 모든 것은 저희 황제님께서 내리신 것이니 감사의 표시는 제가 아니라 황제님께 드리는 것이 옳은 줄 압니다."

"아, 그렇구나. 황제님께 흥보가 감사한다고 꼭 전해 주구려……요."

"예, 알겠습니다. 그럼 저희는 일을 마쳤으니 이만 물러가겠습니다."

말이 끝나자 갑자기 하늘에서 무지개 한 쌍이 웅~ 하고 나타나는 게 아닌가. 그러더니 꺽정이와 연기동자를 포함한 사신 일행은 무지개 위를 힘차게 걸어 하늘로 올라가고 말았다.

"우아!"

우리 식구들은 그 놀라운 광경을 보며 감탄할 뿐 제대로 말도 꺼내지 못했다.

"사라졌다."

잠시 후 아버지께서 말씀하셨다. 우리 모두는 멍하니 무지개가 내려

온 방향을 향해 꼼짝도 않고 서 있었다.

얼마나 시간이 지났을까.

"얘들아, 정신 차려라. 뭘 이런 걸 가지고 그리 놀라니 놀라긴?"

우리 집에서 가장 겁이 없는 어머니께서 말씀하셨다.

역시 우리 집에서는 어머니다. 그때까지 아버지께서는 멍하니 하늘을 올려다보고 계셨으니까.

"자, 그럼 이 주머니나 살펴보자."

어머니께서 말씀하셨다. 그제야 아버지께서도 정신을 차리시고는 손에 쥔 주머니를 새삼스럽게 바라보셨다.

"여보! 거기 쓰여 있는 내용이 뭐예요? 아까 뭐라고 하던데, 난 도무지 뭔 소린지 모르겠더라고요. 당신은 알지요?"

그렇다. 주머니에 뭐라고 쓰여 있기는 했는데 그걸 알아들은 사람은 오직 아버지, 한 분뿐이셨다. 우리 집에서 공부를 가장 많이 한 나도 뭔 소리인지 모르니 다른 녀석들이야 말할 필요도 없지.

"아버지, 여기 수놓인 글자가 무슨 말이에요?"

나는 혹시나 내가 장가가는 데 도움이 되는 말일까 해서 아버지께 여쭤 보았다. 제발, 장가갈 수 있는 길이 거기 있기를! 나는 가슴속으로 빌고 또 빌었다.

그때 아버지께서 주머니를 요모조모 살피시더니 이윽고 말씀하셨다.

"아, 이 말이…… 그러니까 박흥보 개탁이라는 말이렷다. 이 말은 '박흥보가 열어라' 하는 말이지. 에헴!"

개탁은 '열 개(開), 터질 탁(坼)'으로 이루어진 단어니까 박홍보가 열어라, 하는 말이 분명했다. 그런데 우리가 진짜 궁금한 것은 그것이 아니었다.

"아버지, 그거 말고 앞에 쓰인 게 무슨 말이냐고요?"

참을성 없는 세돌이 녀석이 묻고 나섰다.

그런데 아버지의 답변이 의외였다.

"뭐 말이냐? 박홍보 개탁, 그러니까 나보고 열어 보라는 말이라니까."

같은 말씀만 반복하셨다.

"아니요. 그거 말고 앞에 용지…… 뭐 그 말 있잖아요. 아까 꺽정이가 가르쳐 준 글자요."

세돌이가 다시 말했지만 아버지께서는 금시초문이라는 듯 고개를 갸우뚱하실 뿐이었다.

"무슨 말이지? 난 못 들었는데."

참다못한 어머니께서 나서셨다.

"여보, 정신 차려요. 아까 당신이 꺽정이에게 묻자 꺽정이가 알려 주었잖아요. 아직도 정신이 안 돌아왔어요?"

"글쎄. 무슨 말이지? 난 도무지 모르겠네."

"아버지, 그게 무슨 말인지 모르시죠? 그래서 모르는 척하시는 거죠?"

역시 중돌이 이 녀석은 버릇이 없다. 어찌 아버지께 그런 무례한 말을.

"내 생각에도 그런 것 같은데. 여보! 당신 그 말이 무슨 말인지 모르는 거지요?"

근데 어머니까지 거들고 나서셨다. 하기야 나도 이상하긴 이상했다. 나도 기억하는 걸 시치미 뚝 떼고 계신 건 뭐지?

"여보! 무슨 말을 그렇게 하시오. 내가 공부를 얼마나 했는데, 에흠. 참 별말을 다 듣네그려. 에흠."

"그럼 어서 말해 보구려. 말 못하면 내가 그 주머니 가지고 홍 참판 댁에 가서 여쭤 볼 테니까."

와, 어머니 정말 대단하시다. 이렇게 강하게 나오시다니!

"어허, 아녀자가 못하는 말이 없네그려. 내가 그렇다면 그런 줄 알아야지, 뭔 말이 그렇게 많아?"

드디어 아버지께서 화를 내셨다. 그러나 저 정도가 끝이라는 걸 아는 사람은 다 안다. 우리 아버지께서는 화도 잘 못 내신다.

"알았어요. 이리 내욧!"

그러더니 어머니께서 아버지 손에서 주머니를 홱 잡아채셨다. 순식간에 주머니는 어머니 손에 들어갔다.

"허 참, 이런 일이!"

아버지께서는 어쩔 수 없다는 듯이 혀만 끌끌 차셨다.

"내 갔다 오마. 얘들아, 너희들은 저 박속 긁어내서 죽이나 끓이거라. 알았니?"

"알았어요, 어머니."

말을 마친 어머니는 부리나케 밖으로 나가셨다. 그 뒤를 순돌이, 꼬돌이, 막돌이까지 어린 세 녀석이 열심히 뒤따라 달려갔다.

이제 집에 남은 것은 아버지와 나, 중돌이와 키돌이, 작돌이와 세돌이뿐이었다.

"아버지, 정말 기억 안 나세요?"

중돌이가 다시 물었다.

"어, 음…… 그러니까 그 글자들 말이냐? 어, 용…… 그 말?"

"예."

아버지께서는 별로 길지도 않은 수염을 쓰다듬으시며 겸연쩍게 입을 여셨다.

"그게 말이야, 무슨 뜻이냐 하면……. 사실 내가 그걸 모를 리가 있냐? 그런데 그 뜻이 너희들이 알면 안 되는 내용이라서 내가 모른 척했다. 근데 내 깊은 뜻도 모르는 네 어머니가 그걸 가지고 나갔으니, 이제 큰일이로구나."

만일 아버지 말씀이 진짜라면 큰일이었다. 우리가 알아도 안 되는 내용을 길동이가 알게 된다는 말 아닌가.

"아버지, 그 내용이 뭐예요? 어차피 홍 참판 댁에서 알게 될 거잖아요. 그러니 어서 말씀해 주세요. 우리가 들어 보고 절대 알아서는 안 되는 내용이면 빨리 달려가서 엄마를 모셔 와야 하니까요."

작돌이가 급하게 말했다.

"맞아요, 아버지. 빨리 말씀해 주세요."

중돌이까지 나서 아버지를 몰아붙였다.

"좀 천천히 하거라. 남들이 보면 큰일이나 난 줄 알겠다. 그러니까,

그 내용이, 어…… 참, 이걸 말하면 안 되는데…… 어떡하나. 그러니까…… 만일에 너희들이…… 이걸 어떡하면…… 아, 이 내용이…….”

휴, 답답하다. 도대체 무슨 말씀이신지 나도 모르겠다.

“아버지, 무슨 말씀이세요? 이러다가 홍 참판 댁에서 먼저 알겠어요. 어서 말씀해 주세요.”

작돌이가 다시 다그쳤다.

“에이, 낭패로고. 이미 홍 참판께서 다 알아 버렸을 게다. 어차피 엎질러진 물이야. 엎질러진 물.”

갑자기 아버지께서 자포자기한 듯한 표정을 지으시며 방으로 들어가셨다.

마당에 남은 우리들은 어안이 벙벙해 서 있을 수밖에 없었다.

“얘들아, 박속이나 긁어서 죽이나 끓이자.”

나는 마당에 덩그러니 남은 박을 향해 걸음을 옮겼다. 두 녀석도 나를 따라 내키지 않는 걸음을 옮겼다.

그런데 아뿔싸! 그 큰 박 안은 텅 비어 있었다. 하기야 꺽정이를 비롯해 여러 녀석들이 머물렀던 곳인데 그곳에 뭐가 있겠는가. 설령 있었다 해도 그 녀석들이 다 먹어 버렸겠지.

그 시간, 홍 참판 댁에서는 난리가 났다.

“참판 어르신, 그게 정말이에요?”

“……그러니까 나도 믿을 수 없단 말이네. 용지불갈지전(用之不渴之錢)

옹지불갈지전
박흥보개탁

이라니! 이 말은 '쓸 용, 어조사 지, 아닐 불, 마를 갈, 어조사 지, 돈 전' 이거든. 그러니 '써도 써도 바닥나지 않는 돈'이란 뜻인데."

"엄마, 용지불갈지전이 무슨 말이래요?"

순돌이 녀석이 눈치도 없이 물었다.

"넌 좀 가만히 있어라. 참판 어르신, 그러니까 용지불갈지전인지 뭔지 하는 말이 아무리 사용해도 바닥이 나지 않는 돈이란 말이 맞다는 말씀이세요?"

"글쎄, 글자 뜻은 그런데. 그런 돈이 있을 수 있나? 아무리 생각해도 내가 잘못 이해한 게 아닌지……."

그때 곁에서 길동이가 나섰다.

"아버님, 아버님 해석이 맞습니다. 분명 글자 뜻에 따르면 그렇습니다. 큰돌이 어머님, 이제 어머님 댁은 억만장자가 될 거예요. 이 주머니 안의 돈은 아무리 써도 바닥이 나지 않는다고 쓰여 있으니까요."

어머니께서 갑자기 한숨을 쉬며 말씀하셨다.

"길동아, 도대체 그런 일이 있을 수 있겠니? 누가 장난친 것이 분명해. 어떻게 이 작은 주머니 안에서 그런 돈이 나올 수 있니? 난 아무래도 믿을 수가 없구나."

그러나 무슨 일에든 늘 다부지고 분명한 태도를 보이는 길동이는 한 치의 망설임도 없이 힘주어 말했다.

"저도 이해하기는 힘들어요. 그렇지만 이 주머니를 가져온 이들 또한 예사롭지 않은 인물이었잖아요. 게다가 주머니를 보내 주신 분도 우리가 알 수 없는 제비나라 황제고요. 그러니 어찌 이 주머니의 정체를 사람이 판단할 수 있겠어요? 세상에는 사람이 이해할 수 없는 일이 얼마나 많은데요. 제가 보기에 이 주머니는 예사 주머니가 아니에요. 그러니 여기 새겨 있는 말 또한 거짓이 아님이 분명해요. 그러니 어서 가셔서 흥보 아저씨께 주머니를 열어 보시라고 하세요. 여기 쓰인 대로 말이에요. 이 주머니는 흥보 아저씨 외에는 열 수 없다고 했잖아요."

"글쎄, 그러면 오죽 좋겠니. 참판 어르신께서 빌려주신 돈도 갚을 수 있고."

그때 잠자코 있던 홍 참판께서 입을 여셨다.

"흥보댁, 그렇게 하는 게 좋겠소. 흥보 씨에게 주머니를 열어 보라고 합시다. 그러면 이 내용이 맞는지 그른지도 알 수 있을 것 아니겠소? 여기서 시키는 대로 한 다음, 어떤 일이 일어나는지 확인하고 다음 행동을 결정하는 게 좋겠소."

홍 참판의 말을 들은 어머니는 더 이상 할 말이 없었다.

"그렇게 하겠습니다, 참판 어르신. 감사합니다."

인사를 마친 어머니는 그 길로 집으로 향하셨다. 그런데 그때부터 어머니의 가슴이 콩닥콩닥 뛰기 시작했다. 돈 한 푼 없는 집에 써도 써도 끝이 없는 돈이 생기다니!

생각만 해도 정신이 아득했다. 그러나 김칫국부터 마시면 안 된다고 다짐하고 또 다짐했다.

닷 냥 진짜네!

어머니께서 집에 들어오실 때의 모습을 나는 잊을 수가 없다. 어디를 쳐다보는지 알 수 없는 표정에, 걸음은 휘청거려 자칫하면 넘어질 것 같았다. 게다가 나갈 때는 말짱했는데 돌아오신 어머니는 정신을 어디 두고 온 듯 멍한 표정이셨다. 함께 나갔다 온 순돌이와 꼬돌이, 막돌이, 세 녀석에게 물어봐도 뾰족한 대답을 듣지 못했다.

"참판 어른이 뭐라 뭐라 했는데 나도 무슨 말인지 알 수 없었다니까. 엄마는 그때부터 저렇게 정신이 나간 듯한 표정을 지으셨어."

휘청거리며 돌아온 어머니는 마당에 들어서자마자 박을 타기 위해 깔아 놓은 자리에 털썩 주저앉으셨다.

나는 부리나케 달려가 어머니를 부축했다.

"어머니, 괜찮으세요?"

중돌이, 작돌이도 달려와 어머니를 붙잡았다. 그런데도 어머니는 무표정한 상태로 허공만 바라보셨다.

"왜 그래요, 여보?"

평생 걱정이라고는 해 본 적이 없는 아버지께서도 이번에는 걱정이 되는지 어머니에게 다가와 물으셨다.

그러나 어머니는 여전히 아무 말씀도 없으셨다.

"어머니, 정신 좀 차려 보세요!"

중돌이가 정말 걱정이 된다는 표정으로 어머니를 흔들어 깨웠다. 그러자 어머니께서 고개를 좌우로 흔들더니 눈을 껌벅이셨다.

"정신이 돌아와요?"

아버지께서 물으셨다.

"아, 어, 예. 괜찮아요."

그제야 우리 모두는 안도했다.

"그래, 홍 참판께서 뭐라고 하셨는데, 그리 넋을 놓고 있었소?"

아버지께서 묻자 어머니는 잠시 생각에 잠기셨다. 이윽고 어머니께서 입을 여셨다.

"그런데 당신은 그 내용을 안다면서 왜 내게 묻는 거예요?"

갑자기 튀어나온 어머니 말씀에 우리 모두는 긴장이 풀리면서 웃음을 지을 수밖에 없었다.

"맞아요, 아버지. 아버지도 아신다면서요."

눈치도 없는 순돌이가 한마디 거들었다.

"어, 물론 나도 알지. 그래서 참판 어른이 하신 말씀이 맞나 틀리나 확인해 보려고. 으흠."

그러자 어머니께서 곁눈질을 하시고는 한마디 덧붙이셨다.

"모르면 모른다고 하세요. 모르는 것은 잘못이 아니에요. 하지만 거짓말은 잘못이에요. 아이들 앞에서 괜히 아는 척하고. 이게 무슨 망신이에요?"

어머니 말씀이 끝나기가 무섭게 아버지께서 벌떡 일어나셨다.

"아이고, 배야. 갑자기 배가 왜 이리 아프지? 탈이 났나? 나 변소 좀 갔다 오마. 그동안 어머니 잘 돌봐 드려라."

그러더니 걸음아 날 살려라 하며 변소를 향해 달려가셨다.

"어이구, 저 양반. 모르면 모른다고 하지. 그래도 너희는 아버지께 함부로 하면 안 된다, 알았지?"

"예."

우리 모두는 일제히 대답했다. 그러나 아버지께서는 톡톡히 창피를 당하신 것이 분명했다. 역시 사람은 거짓말을 하면 안 된다.

"그나저나 어머니, 도대체 이게 무슨 뜻이래요?"

참다못한 내가 물었다. 혹시 며느릿감이 들어 있다는 말인지 모르니까.

"기다려라. 아버지 오시면 말해 줄 테니."

그러더니 어머니는 깊이 호흡을 가다듬으셨다. 뭔가 중요한 내용임이 분명했다. 우리는 어머니 옆에 쭈그리고 앉아 아버지께서 오시기만을 기다렸다.

얼마나 시간이 흘렀을까? 변소 거적이 흔들리더니 아버지께서 바지춤을 올리시며 나오셨다.

"아버지! 빨리 오세요. 엄마가 말해 주신대요."

작돌이 말이 끝나자마자 아버지께서 빠른 걸음으로 오셨다.

"아, 시원하다. 이제 말해 보시오. 맞나 틀리나 한번 확인해 봐야지, 에헴."

어머니는 더 이상 아버지께 신경 쓰지 않는 듯했다.

"잘 들으세요. 여기 쓰인 글자에 따르면, 아무리 써도 바닥나지 않는 돈이란 뜻이래요. 알았어요?"

"뭐, 뭐요? 여보, 지금 뭐라고 했소?"

"아니, 당신도 알았다면서요. 내용이 맞아요, 틀려요?"

"그, 그러니까 어, 써도 써도 돈이 사라지지 않는단 말이오?"

"그렇다니까요."

아버지께서는 벌어진 입을 다물지 못하셨다. 나도 마찬가지였다. 다른 녀석들은 모르겠지만 나는 똑똑해서 이게 무슨 말인지 알기 때문이다. 그런데 왜 다른 녀석들도 입을 다물지 못하지?

"아무리 써도 돈이 끊임없이 나온다는 말이오?"

"같은 말을 또 해요?"

"허허, 이럴 수가."

"뭐가 이럴 수가예요."

"아니, 내가 읽은 내용과 똑같아서 하는 말이오. 에헴."

정말 아버지는 아무도 못 말린다. 난생처음 듣는 말에 깜짝 놀라시고서는 금세 자기가 생각한 것이라니! 나는 아버지처럼 살지 말아야겠다고 다짐했다.

"그런데 여기 '박홍보 개탁!'이라고 쓰여 있으니 꼭 당신이 열어야 한대요."

"그거야 내가 이미 말했잖소. 다 아는 건데 뭘."

갑자기 의기양양한 표정으로 아버지께서 어머니께서 들고 있던 주머니를 빼앗듯 잡으셨다.

"자, 그럼 박홍보가 열겠다."

아버지께서는 반은 긴장한 표정으로, 반은 흐뭇한 표정을 지으시면서 주머니를 조심스레 여셨다.

"와!"

아버지께서 주머니를 여는 동시에 우리 모두는 환호성을 올렸다. 그럴 수밖에. 주머니가 열리자마자 엽전이 주르륵 하고 쏟아졌으니 말이다.

"돈이다!"

아버지께서는 정신을 잃은 표정으로 말씀하셨다.

"돈이다! 돈이다! 돈이다!"

계속 같은 말만 되풀이하시는 아버지를 보며 우리 또한 할 말을 잊었다. 그 가운데서도 가장 놀란 것은 어머니셨다.

"정말 돈이네!"

어머니는 쏟아진 돈을 움켜잡으시며 넋이 나간 표정을 지으셨다.

“돈!”

“돈이야!”

우리도 쏟아지는 돈을 잡으며 소리쳤다.

잠시 후 우리 집 좁은 마당에 깔아 놓은 돗자리는 돈으로 가득 차고 말았다.

“우아! 이걸 어쩌지?”

우리 식구 모두는 어쩔 줄 몰라 하며 돗자리 위의 돈을 바라보기만 했다.

그때였다. 아버지께서 정신이 나간 표정으로 갑자기 노래를 부르기 시작하셨다.

돈 봐라 돈, 돈 봐라 돈.
돈돈돈돈돈 돈 봐라 돈, 돈 봐라.
잘난 사람도 못난 돈
못난 사람도 잘난 돈
베개 너머로 침 뱉는 돈.
돈돈돈 돈 봐라, 돈돈돈 돈 봐라.
야 이놈의 돈아, 어디를 갔다가 이제 오느냐.
사람 죽이고 살리는 돈, 부귀공명을 가진 돈.
돈 봐라 돈, 돈 봐라 돈.

얼씨구
절씨구~~~
지전
보 개탁

그러면서 덩실덩실 춤을 추시는 것이 아닌가. 우리 모두는 넋을 잃고 춤추는 아버지 모습만 바라보았다.

"여보! 빨리 주머니 닫아요."

갑자기 어머니께서 아버지를 보며 소리치셨다.

정신없이 춤을 추시던 아버지께서 그제야 정신을 차린 듯 어머니를 보며 답하셨다.

"알았어요."

아버지께서는 즉시 주머니를 질끈 동여매셨다.

그러자 언제 그랬냐는 듯 주머니는 작은 형태로 돌아갔다.

"휴!"

"그나저나 이 많은 돈을 어쩐다냐?"

내가 봐도 참 많기는 많았다. 그렇지만 많아서 나쁠 일이야 있을까? 돈인데.

"일단 이게 얼마나 되는지 세 봅시다. 얘들아, 너희들도 와서 엽전 좀 세자."

어머니께서 눈을 반짝이며 말씀하셨다. 역시 이런 일에는 어머니가 최고다. 아버지께서는 아직도 돈을 만지며 헤헤거리고 계셨다.

"엄마, 그냥 세면 힘드니까 새끼줄을 이용해서 백 냥씩 엮어요. 그러면 정리하기도 쉽잖아요."

세돌이 녀석이었다.

이 집에서 가장 똑똑한 것은 난데, 왜 나는 그런 생각이 안 떠오르지? 이상하기는 하지만 내가 가장 똑똑하다는 사실에는 변함이 없었다. 그 정도도 모르면 똑똑한 것이 아니지.

"세돌이 말이 맞다. 자, 그럼 새끼줄 가지고 와서 엽전을 백 개씩 꿰어 정리하자꾸나. 여보, 당신도 그렇게 정신 놓고 있지 말고 빨리빨리 움직여요. 다른 사람들이 보면 이상하게 여길 테니 서둘러요."

어머니 말씀이 끝나기가 무섭게 우리는 새끼줄을 갖다 엽전을 꿰기 시작했다.

"정말 많다."

오늘 중으로 다 해낼 수 있을지 걱정이 될 정도였다.

가만있자, 난 똑똑하니까 백을 셀 수 있지만 다른 녀석들이 셀 수 있을까? 갑자기 걱정이 되기 시작했다.

"야, 꼬돌아. 너 백 셀 수 있어?"

나는 꼬돌이를 바라보며 물었다. 그런데 꼬돌이 녀석은 날 쳐다보지도 않은 채 열심히 엽전만 꿰는 것이었다. 그러더니 한마디 했다.

“형이나 틀리지 마. 백도 못 세는 사람이 어디 있어?”

어쭈, 이 녀석이 못하는 말이 없네.

“너 정말 셀 수 있어? 그럼 세 봐. 내가 확인해야겠어.”

“야, 쓸데없는 걱정 하지 말고 네 일이나 열심히 해라.”

갑자기 들려오는 목소리에 난 고개를 돌렸다. 어머니였다. 어머니 또한 나는 쳐다보지도 않은 채 열심히 엽전만 꿰고 계셨다.

하릴없게 된 나는 아무 말도 하지 못했다.

‘왜 어머니까지 저러시지? 내가 아무리 똑똑하면 뭘 하나? 아무도 알아주질 않으니.’

짜증이 나긴 했지만 어쩔 수 없었다. 나는 아무 말 하지 않기로 했다.

‘좋아, 틀려도 어쩔 수 없어. 난 내 일이나 해야지.’

그때부터 나도 열심히 엽전을 꿰기 시작했다.

“막돌아, 넌 셈을 못하니까 형이랑 어머니, 아버지가 꿰어 놓은 걸 저곳에 차근차근 갖다 놓거라. 알았지?”

“알았어, 엄마.”

그때부터 막돌이 녀석은 꽤나 무거운 엽전 꾸러미를 하나하나 들어다 마루 위에 정리해 놓았다.

우리 식구 모두는 조용히 엽전만 꿰었다.

시간이 얼마나 흘렀을까! 해가 뉘엿뉘엿 지기 시작했다. 아직은 늦여름이라 해가 빨리 지지 않아서 다행이었다. 그러나 지금도 상당히 많은

엽전이 마당에 쌓여 있었다.

"휴, 힘들어."

나도 모르게 힘들다는 말이 나왔다. 다른 사람은 힘도 안 드나?

"자, 모두들 잠깐 쉬었다 하자. 지금까지 한 게 얼마나 되는지도 알아보고."

어머니는 일어나자마자 마루로 향하셨다. 그러고는 엽전 꾸러미를 세기 시작하셨다.

"하나, 둘, 셋, 넷,……"

우리도 모두 일어나 마루로 갔다.

"이쪽은 내가 세지."

아버지께서도 어머니 반대쪽에서 꾸러미를 세기 시작하셨다.

"하나, 둘, 셋,……"

얼마나 셌을까. 한참 후에 비로소 꾸러미를 다 셌다.

"내가 센 것이 오백서른다섯 개예요. 당신은 몇 개나 셌어요?"

"어, 삼백…… 삼백…… 가만 서른이던가 여든이던가. 에이, 헷갈렸네. 잘 세고 있었는데."

역시 아버지는 아버지시다. 무슨 일을 하시든 저렇다. 저러실 줄 알았으면 내가 셀걸.

"당신은 그것도 못 세요? 열 꾸러미씩 가지런히 놓으면 잊을 일도 없잖아요."

"아, 그렇구나. 난 그것도 모르고……."

할 수 없이 우리 모두 나서서 아버지께서 센 꾸러미를 다시 어머니처럼 열 개씩 정리해야 했다.

"다 되었다. 삼백여든일곱 개네. 맞지?"

어머니는 한 치의 오차도 없이 정리를 끝내시고는 말씀하셨다.

"그럼 모두 몇 꾸러미니, 큰돌아?"

흐음, 어머니께서도 드디어 내 능력을 믿으시는군.

처음에 어머니가 센 것이 오백서른다섯 개, 아버지가 센 것이 삼백여든일곱 개. 그럼 백이 오백 더하기 삼백이니까 팔백이군. 그리고 어머니가 센 서른 개에 아버지가 센 것이 여든 개, 그럼 백 개 더하기 열 개. 어휴 정말 많구나. 더하기도 이렇게 힘드니.

"엄마, 구백이십이 개예요. 그러니까 구만 이천이백 냥."

이게 무슨 소리지? 아직 계산이 끝나지 않았는데.

아뿔싸! 작돌이 녀석이었다.

"구만 이천이백 냥?"

내 눈은 작돌이 녀석을 향하는데, 어머니 눈은 허공을 향했다.

"구만…… 이천……이백 냥?"

아버지께서 떨리는 목소리로 반복하셨다.

"엄마, 구만 이천이백 냥이 얼마나 되는 거예요?"

철없는 순돌이 녀석이 분위기 파악도 못하고서 질문을 했다. 어머니는 대답할 엄두도 못 내고 계속 허공만 보고 계셨다.

구만 이천이백 냥이면 내가 그렇게 먹고 싶었던 수수팥떡 한 꾸러미가 한 푼이니까 어, 열 푼이 한 냥이고. 구만 이천이백 냥의 열 배, 그러면…… 정말 계산은 어렵군. 나 같은 천재도 이렇게 힘드니!

"순돌아, 너 정말 그렇게 계산이 안 되니? 네가 좋아하는 수수팥떡 한 꾸러미가 한 푼이잖아. 그런데 한 냥은 열 푼이니까, 수수팥떡이 구십이만 이천 꾸러미야! 알았어?"

뭐야, 또 작돌이? 정말 이 녀석은 머릿속에 주판이라도 들어 있나? 분명 머리는 나보다 나쁜데.

"그리고 쌀로 치면 한 가마에 열다섯 냥이니까, 육천백사십육 가마를 사고도 열 냥이 남는 거야. 알았어?"

이건 또 뭐야? 그사이에 쌀가마로도 계산했다는 말? 휴, 정말 못 말리겠다.

근데 왜 갑자기 배가 아프지? 변소나 가야겠다.

여섯 냥

뒷간은 똥바다, 집 안은 아수라장

"정말 많은 돈이구나. 그런데 이 돈을 다 어디에 두지?"

정신을 차리신 어머니께서 말씀하셨다.

"여보! 나를 뭘로 보고. 내가 주머니만 열면 다시 돈이 쏟아질 텐데 뭐가 걱정이오? 그냥 쓰면 되지, 에헴!"

아버지께서 으스대며 말씀하셨다.

하기야 그렇다. 저 주머니를 아버지께서 열기만 하면 또 셀 수 없이 많은 돈이 쏟아질 테니, 이 돈이 사라진다고 해도 아무 걱정이 없었다.

"그나저나 며칠 굶은 데다가 돈 세느라고 힘을 썼더니 배가 너무 고프구나. 얘들아, 가서 쌀하고 떡 좀 사 오거라."

"예, 알았어요."

어머니 말씀이 끝나자마자 중돌이와 작돌이가 엽전 꾸러미 하나씩을 들더니 쏜살같이 밖으로 나갔다.

"나도 갈래."

그 뒤를 꼬돌이와 막돌이도 죽어라 뛰어갔다.

아이들이 뛰어나가자 어머니께서 말씀하셨다.

"큰돌아, 이 돈 꾸러미 안방에 있는 장롱 속에 넣어 두거라."

"예."

그러면 그렇지. 역시 어머니는 나만 믿으시는 거야. 그러니까 돈을 감추는 중요한 일을 내게 시키시지.

나는 마루에 수북이 쌓인 돈 꾸러미를 장롱 깊은 곳에 넣기 시작했다. 그런데 얼마 가지 않아 작디작은 우리 집 장롱은 돈 꾸러미로 가득 차고 말았다.

"어머니, 다 찼어요. 나머지는 어디에 넣을까요?"

"글쎄다, 그럼 광에 넣어 둘까?"

"그곳은 누구나 쉽게 들어갈 수 있는데 괜찮을까요?"

그러자 아버지께서 다시 말씀하셨다.

"아, 누가 가져가면 다시 주머니를 열면 되지. 뭘 걱정이야."

그렇구나. 어머니와 난 아무 말도 못하고 다시 돈 꾸러미를 광에 쌓기 시작했다. 한참이 지나서야 돈 꾸러미 쌓는 일이 끝났다. 그런데 하루에 시래기죽 한 그릇밖에 못 먹은 탓에 일이 끝날 무렵에는 손가락 하나 움직일 힘도 남지 않았다. 나는 마당에 푹 쓰러지며 겨우 말했다.

"이 녀석들은 떡 사러 어디까지 간 거야?"

"글쎄 말이다. 나도 배고파서 힘들어 죽겠는데."

아버지께서 내 옆에 펄썩 주저앉으며 말씀하셨다.

아마 어머니도 힘드실 거다. 박 켜랴, 돈 세랴, 꿰랴, 꾸러미 나르랴, 얼마나 힘드실까. 그렇지만 어머니는 힘든 내색을 하지 않으셨다.

역시 여자는 약해도 어머니는 강하다는 속담이 맞나 보다. 나도 빨리 청이랑 혼인해야지. 그럼 청이도 강해지고 우리 집도 강해질 테니까.

"어머니, 아버지, 저희 왔어요."

그때 떡이랑 쌀 사러 나간 녀석들이 우르르 몰려 들어왔다. 녀석들 손에는 떡 주머니랑 쌀 주머니가 주렁주렁 들려 있었다.

"오, 수고했다. 자, 어서 먹자꾸나."

어머니는 마당 한가운데 돗자리를 펴시며 녀석들이 사 온 떡을 펼쳐 놓으셨다.

"쌀은 저기 부엌에 갖다 놓거라."

잠시 후 우리 식구들은 모두 돗자리 위에 앉아 녀석들이 사 온 떡을 꾸역꾸역 입에 넣기 시작했다.

아무도 말하지 않았다. 아무리 먹어도 배가 고팠다. 도대체 떡을 본 게 얼마 만인지 기억도 나지 않았다.

"어, 배부르다."

얼마나 먹었을까. 아버지께서 가장 먼저 배를 두드리며 말씀하셨다.

나도 슬슬 배가 불러 왔다. 그래도 몇 년 만에 만난 수수팥떡에서 손을 떼고 싶지 않았다. 마지막으로 하나만 더, 하나만 더 하면서 계속 먹었다. 그런데 역시 너무 먹었나 보다.

다시 배가 아파 오면서 변소가 나를 불렀다.

"아구구, 배야."

말이 끝나기가 무섭게 배 속에서 전쟁이 벌어졌다. 나는 뒤도 안 돌아보고 변소로 뛰었다. 그런데 이게 웬일인가. 내가 떡 먹느라고 다른 녀석들에게 신경 쓰지 않아서 몰랐나 보다. 이미 변소는 한 녀석이 자리 잡고 앉아서 뿌직뿌직 똥을 싸 대고 있었다. 그런데 뭔가 이상했다. 배가 아팠는데, 이젠 코도 아파 오는 게 아닌가. 그러고 보니 변소 뒤, 변소 옆 곳곳에 변소에 들어가지 못한 녀석들이 쭈그리고 앉아 똥을 싸고 있었다.

"으악, 냄새!"

정말 온갖 똥들이 이곳저곳에 산더미처럼 쌓여 있었다.

한 녀석이 눈 똥은 논바닥에 고인 물처럼 연못을 만들었고, 한 녀석이 눈 똥은 뱀이 똬리를 튼 것처럼 고불고불 높이 산을 만들고 있었다.

그 순간, 갑자기 내 배 속이 소리쳤다.

"아구구!"

난 다른 녀석들의 똥을 더 이상 보고 있을 수만은 없었다. 그 자리에서 바지를 내리고 쭈그려 앉았다.

"뿌자작!"

앉자마자 묽고 누런 똥이 폭포처럼 흘러내렸다.

"후아!"

살 것 같았다. 그러나 그 순간, 다시 내 코는 마비 상태에 돌입했다. 이번엔 다른 녀석을 탓할 수도 없었다. 내 똥 냄새인 게 분명했으니까.

정말 그때를 생각하면 머릿속이 하얘진다. 안 그래도 좁고 지저분한 우리 집이 온통 똥바다였으니 말이다.

나중에 안 사실인데, 눈이 안 보이는 미래의 장인이신 이웃집 심학규 어르신께서는 세상을 뒤흔드는 똥 냄새에 순간적으로 큰 충격을 받아 시력을 되찾았다고 하신다.

정말 청이 아버지께서 눈을 뜨지 않았으면 나는 청이와 혼인하는 것을 일찌감치 포기해야 했을 것이다. 온 마을을 떠들썩하게 만들 만큼 똥바다를 이룬 집에 누가 시집가고 싶겠는가.

그런데 정말 하늘이 도와서 청이 아버지께서 눈을 뜨시는 바람에 오히려 청이가 우리 집에 와서 고맙다며 연신 인사를 했다. 그 모습을 보며 난, '정말 잘했어. 역시 나는 청이와 혼인할 운명을 타고난 거야.' 하고 깨달았다.

여하튼 배가 고픈 것도 힘든 일이지만 배가 부른 것도 힘들다는 사실을 나는 그날 깨달았다. 나뿐 아니고 우리 식구 모두 깨달았을 것이다. 그날부터 며칠 동안 모두들 배탈이 나서 하루에도 몇 번씩 변소를 들락날락했다.

그렇게 며칠이 지나자 비로소 몸이 제자리를 찾는 듯했다.

"다들 괜찮니?"

며칠 만에 부쩍 살이 오르신 어머니께서 물으셨다.

"이제 괜찮아요. 근데 우리 고기는 언제 먹어요?"

중돌이 녀석은 그렇게 먹고도 또 먹는 타령이었다. 하기야 나도 고기가 먹고 싶기는 했다. 며칠 동안 떡과 밥만 먹었으니까.

"이제 고기도 먹고 닭도 먹자. 한꺼번에 너무 많이 먹으면 배탈이 나니까 이제부터는 조금씩 먹자꾸나. 그러면 괜찮을 테니."

"알았어요, 어머니."

뒤이어 어머니께서 말씀하셨다.

"이제 살림도 장만하고 집도 지어야겠다. 그러니 너희들이 부지런히 움직여라, 알았지?"

"예!"

우리는 누가 먼저랄 것도 없이 큰 소리로 대답했다.

맞다. 이렇게 지저분하고 보잘것없는 집에 살면 내가 아무리 똑똑해도 청이가 혼인할 마음이 생길 리 없었다.

"어머니, 제가 가서 이부자리랑 보료랑 사 올게요."

아무래도 혼인하려면 이부자리랑 보료 정도는 있어야 하니까.

그렇지만 어머니는 나를 혼인시키려는 마음이 별로 없으신 것 같았다.

"집부터 지어야지. 이 좁은 집에 무슨 보료를 들여놓는단 말이냐?"

곧이어 어머니는 아버지를 부르셨다.

"여보, 갑시다. 가서 집 고치는 사람도 부르고 살림도 삽시다. 어서 서둘러요. 읍내 시장까지 가야 하니까요."

그러자 아버지께서 "에헴!" 하시더니 앞장서셨다.

"그래야지. 에헴! 이참에 마차도 한 대 삽시다."

우리 집에도 이제 마차가 생기겠구나. 와, 이 마을에 마차가 있는 집은 홍 참판 댁과 장 승상 댁뿐이었는데. 드디어 우리 집도 이 마을에서 가장 부잣집에 속하는 거야.

난 좋아서 웃음을 참을 수가 없었다.

"조심히 다녀오세요."

나는 길 떠나시는 부모님을 향해 아주 공손하게 인사를 했다.

그날부터 우리 집은 공사 소리로 시끌벅적했다. 새벽부터 수많은 일꾼들이 몰려와 집을 짓기 시작했다. 그뿐이 아니었다. 집이 지어질 때까지 우리는 어쩔 수 없이 본디 살던 초가집에서 머물러야 했지만, 입는 옷이며 신발, 밥그릇, 국그릇, 심지어 요강까지 새것을 사다 보니 집 안은 온통 난리도 아니었다. 게다가 우리 열 식구만도 좁은 집에 이제는 일하는 아주머니부터 청소하는 아이, 마차를 끄는 아저씨, 부엌에서 음식 하는 아주머니 등 집안일을 돕는 사람까지 북적대기 시작했다.

"어휴, 정말 정신이 하나도 없네그려."

"글쎄 말이에요. 하루라도 빨리 집이 완성되어야지 어디 살겠어요?"

아버지와 어머니는 입가에 웃음을 지으시면서 불평을 늘어놓으셨다.

"형, 아버지와 엄마가 불평하시는 거야, 좋아하시는 거야?"

순돌이 녀석이 이상하다는 듯 물었다.

"야, 이 녀석아. 보면 모르냐. 불평하시는 거잖아. 하기야 넌 나만큼 배우질 못했으니 그럴 만도 해."

난 역시 사람은 배워야 한다고 생각하며 일러 주었다.

"순돌아, 큰돌이 형이 틀렸어. 어머니, 아버지는 지금 정말 좋으신 거야. 말로만 불평하시는 거지, 속마음은 무척 좋으셔. 알았지?"

키돌이 녀석이 갑자기 끼어들었다.

"정말이야, 키돌이 형?"

"그렇다니까. 두 분 얼굴에 웃음이 가시질 않잖아. 그것만 봐도 알 수 있어."

어쭈, 이 녀석 봐라? 난 기가 막혔다.

"야, 키돌아. 넌 우리말도 이해 못하니? 아버지가 '정신이 하나도 없네.'라고 하셨고, 어머니는 '어디 살겠어요?' 하셨잖아. 그 말은 모두 기분이 좋지 않다는 거야, 알았어? 넌 어째 그리 무식하냐? 이제라도 어디 서당에라도 다녀라. 알았니?"

정말 큰일이다. 이렇게 무식하면 아무리 부자라도 다른 아이들에게 무시당할 텐데.

그때였다. 곁에서 물끄러미 우리를 바라보던 어머니께서 한 말씀 하셨다.

"정말 큰일이구나. 다 큰 녀석이 저리도 어리석으니."

나는 절로 한숨이 나왔다. 어머니까지 키돌이 녀석을 한심하다고 하시니 맏아들로서 어찌 책임을 느끼지 않겠는가.

"키돌아, 어머니까지 널 걱정하시잖아. 지금부터라도 공부 좀 해라. 어머니, 키돌이랑 다른 아이들도 다 서당에 보내요. 너무들 무식하잖아요."

"뭐? 야, 이 바보 녀석아!"

깜짝이야! 난 어디서 번개가 치는 줄 알았다. 갑자기 어머니께서 하늘이 무너져라 소리를 치셨으니 말이다.

"어머니, 그렇다고 키돌이가 바보는 아니에요. 배우면 되잖아요."

난 놀랐지만 정신을 차리고 키돌이 변호에 나섰다.

"으휴, 정말 내가 못 산다, 못 살아. 큰돌아, 너 때문에 내가 못 산다고. 야 이 녀석아, 다 큰 녀석이 그렇게 머리가 안 돌아가니? 엉! 어떻게 키돌이만큼도 생각을 못하니. 정말 큰일이다, 큰일이야. 이제 장가를 가야 할 녀석이 저렇게 모자라니. 이를 어쩌면 좋지."

가만! 나보고 하시는 말씀인가? 장가를 가야 할 녀석이라고 하셨으니……. 아니, 내가 뭘 잘못했지? 어머니도 분명 그랬는데. 못 살겠다고 말이다. 그런데 왜 나보고 저러시지?

"후훗."

"킥킥."

키돌이뿐만 아니라 중돌이부터 작돌이, 세돌이, 순돌이까지 모두 나를 보고 비웃기 시작했다.

뭐가 잘못된 게 분명했다. 난 이해가 안 되었다. 그러나 한편으로는 썩 기분이 나쁜 것도 아니었다.

분명 어머니께서 말씀하셨다. 장가를 가야 할 녀석이라고 말이다. 그렇다면 어머니도 나를 장가보낼 궁리를 하고 계신 게 분명했다. 하하! 이보다 더 기쁜 일이 어디 있으랴? 좀 혼나면 어때. 장가만 가면 되지.

나는 부리나케 뛰어나갔다. 청이네 집으로. 청이가 잘 있는지 아침저녁으로 지켜야 한다. 이제 곧 장가를 갈 텐데 청이가 없으면 큰일이니까.

일곱 냥

줄을 서시오!

드디어 우리 집이 완성되었다. 정말 고대광실이란 말이 거짓말이 아닌 걸 알았다. 한자로 高臺廣室! 높을 고, 대 대, 넓을 광, 집 실. '높은 누각에 드넓은 방'이라는 말뜻대로 우리 집은 엄청 넓었다. 얼마나 넓은지 처음 며칠 동안은 집 안에서 길을 잃을 정도였다. 변소인 줄 알고 가면 부엌이고, 식당에 밥 먹으러 가면 동생들 방이 나왔다. 우리 집에서 가장 똑똑한 내가 이 정도니, 다른 사람은 두말할 것도 없었다.

그런데 동생 녀석들은 정말 문제였다. 그 넓고 넓은 집에서 길을 잃는 것은 당연한데, 이 녀석들이 거짓말을 밥 먹듯이 했다.

내가 길을 잃었다고 말하면 녀석들은 피식 웃으며 나를 비웃었다. 아니, 솔직히 말하면 누가 뭐라고 하나? 그게 뭐 창피한 일이라고 인정하기는커녕 오히려 솔직한 나를 비웃고 있으니. 어려서부터 거짓말을 일

삼다니! 이게 큰일이 아니고 뭐란 말인가.

“형, 아니 집 안에서 길을 잃는 사람이 어디 있어?”

“맞아, 형. 그리고 첫날에야 실수로 잃을 수도 있다고 해. 그렇지만 벌써 한 달이 다 되어 가는데 아직도 집 안에서 길을 잃는다는 게 말이 돼?”

“하여튼 큰돌이 형은 신기해. 우리와는 좀 다른 것 같아. 어머니, 안 그래요?”

“얘들아, 그래도 형한테 그러면 못써. 형이 부족할수록 너희들이 이해해야지. 너희마저 이해해 주지 않으면 어떡하니!”

난 어머니께서 무슨 말을 하시는지 도무지 이해하지 못했다. 누가 부족하단 말이지? 아니, 거짓말을 밥 먹듯 하는 녀석들을 두고 나더러 부족하다니! 뭐가 부족하단 말이지? 그러나 어쩌랴, 조금이라도 더 배우고 똑똑한 내가 이해해야지. 어머니도 서당을 다니셨으면 좋았으련만.

여하튼 넓디넓은 우리 집에는 우리 가족 외에도 많은 사람들이 함께 살았다. 마당 청소를 담당한 자루 아저씨, 아저씨 아내와 아들, 빨래를 맡은 방망이 아줌마, 부엌에서 음식을 하는 사람은 여럿이라서 이름을 다 기억하지 못하지만 그중에는 가락이라는 예쁜 여자아이도 있었다. 청이보다는 못하지만 가락이도 꽤 예쁘다. 그런데 가락이는 반찬을 만드는 게 아니라 설거지만 한다. 밥 짓고 반찬 만드는 일은 맛순 아줌마랑 또 다른 사람들이 맡고 있었다.

그 외에 집 안 청소를 담당한 털이 아줌마와 아줌마 딸인 총채도 있었다. 총채도 꽤 예쁜데 가락이만 못했다.

아, 그러고 보니 내가 보기에 예쁘지 않은 여자 아이는 없는 것 같다. 역시 나는 마음이 곱다. 모두를 예뻐하니 말이다.

그런데 어머니는 정말 나를 장가보낼 생각이신 모양이었다. 이 많은 사람들 월급 주는 일을 내게 맡기시지 않고 중돌이에게 맡기셨으니 말이다. 내가 가장 많이 배웠고 가장 똑똑한 데다 가장 나이가 많으니 그렇게 중요한 일은 당연히 내가 해야 했다. 그런데도 나를 장가보내면 그 일을 할 사람이 없기 때문에 중돌이에게 맡기신 게 분명했다.

흐흑! 어머니, 정말 죄송해요. 어머니의 그런 마음도 모르고…….

"자, 줄을 서세요."

월급날이 되면 우리 집 드넓은 마당이 월급 받을 사람들로 가득 찼다. 아, 월급 받는 사람만 해도 많은데, 그날이 되면 한 달 동안 우리 집에 물건을 댄 사람, 일한 사람 등 수많은 사람들이 모여들었다.

푸줏간 아저씨는 한 달 동안 우리 집에 공급한 고깃값을 받으러 줄을 서셨다. 채소 가게 아주머니는 채솟값 받으러 줄을 서시고, 대장간

털보 아저씨는 갖은 도구 납품한 값을 받으러 오셨다.

장인어른, 아니 청이 아버지께서도 줄을 서셨다. 갑자기 눈을 뜨게 되신 청이 아버지께서는 요즘 마을 앞 강가에서 낚시하시는 재미에 푹 빠지셨다. 사실 그곳은 강이라기보다는 개울에 가까운 곳인데, 예전에 눈이 안 보이실 때 그곳에 빠지신 적이 있었다. 그때 길동이가 구해 드리지 않았으면 저 세상으로 가셨을 게 분명하다. 근데 그때 청이 아버지께서는 정말 너무하셨다.

야, 이 녀석아! 네가 누구인지는 모르겠지만 내 보따리 내놓거라. 내 보따리!!
네? 무슨 보따리요?
이런 도둑놈이 있나! 내가 분명 은수저랑 비단 옷이랑 우리 청이 주려고 사서 보따리에 넣어놨는데. 빨리 내놓으란 말이다.
청이 아버님, 저는 그저 아버님이 물에 빠져서 허우적대시기에 구해드린 것 뿐이에요.
어이구, 이런 일이 있나. 동네 사람들아, 빨리 와서 이 도둑 좀 잡아 주시오. 내 보따리, 내 보따리 내놓아라, 도둑놈아!!!
쩌렁 쩌렁
아니, 청이 아범. 정말 보따리를 가지고 있었나?
…?
그럼 내가 있지도 않은 보따리를 있다고 거짓말을 한단 말이오?
아니, 그런 게 아니라 자네를 구해 준 친구가 길동일세. 그런데 길동이가 그런 짓을 할 리가 없잖은가?
길동 도련님이 나를 구했다고? 어이구, 고마워라.
켁 켁

내가 봐도 말이 안 된다. 도대체 앞도 못 보는 어른이 어딜 가서 은수저에 비단옷을 가져온단 말인가. 그때부터 우리 마을에는 '물에 빠진 사람 구해 줬더니 보따리 내놓으라고 한다'라는 속담이 생겨났다. 그러니 이 속담은 청이 아버지 덕분에 생겨난 것이다.

그래도 나는 심학규 어른이 좋다. 청이처럼 예쁜 딸을 내게 주시려고 하니 말이다.

그런데 그런 심학규 어른이 장가에서 잡은 물고기를 매일 우리 집에 가져다주셨다. 그리고는 월급날이 되면 물고깃값을 받으러 오셨다.

나는 심학규 어른이 보이면 늘 가까이 다가갔다. 그러고는 인사를 드렸다.

"오셨어요, 아버님."

"어이구, 큰돌이 도련님이구나. 나야 눈 뜨고 나서는 늘 안녕하지. 근데 이번에는 물고깃값을 얼마나 준다나?"

그럼 나는 앞에 앉아 돈을 지급하는 중돌이에게 잽싸게 뛰어갔다.

"중돌아, 심학규 어른 물고깃값은 얼마니?"

형이 이렇게 물으면 당연히 "어, 얼마야." 하고 대답하는 게 아우가 할 도리일 것이다.

그런데 중돌이 이 녀석은 정말 버릇이 없었다.

"지금은 알 수가 없어. 다른 분들 장부를 보고 있으니까. 나중에 차례가 되면 알려 드릴게."

아, 이러는 것이었다. 다른 사람도 아닌 청이 아버지, 심학규 어른인데 말이다. 휴, 내가 장가를 못 가는 한이 있어도 이 일을 내가 맡을까 보다. 그러나 그러면 큰아들로서의 도리가 아니니 내가 참아야지.

나는 심학규 어른 뵐 면목이 없어서 슬그머니 그 자리를 피했다. 그런 후에도 수많은 사람들이 돈을 받기 위해 서 있었다. 월급날이 되면

돈 받을 사람들이 온종일 줄을 서니 얼마나 많은 사람들이 우리 집 덕에 먹고사는지 알 수 있었다.

그런데 나는 예전과 달라진 게 별로 없었다. 온종일 아무 일도 하지 않는 건 예나 이제나 똑같았다. 예전에는 돈도 없고 농사지을 땅도 없으니 아무 일도 할 수 없었다.

지금은 돈도 많고 집에 없는 것이 없지만 다른 사람들이 다 해 주니 내가 할 일이 없었다. 다만 옷차림이 좋아졌고 많이 먹어서 뚱뚱해졌을 뿐이다.

예전에는 몸무게는 가벼웠지만 먹지를 못해서 힘이 없어 뛰지 못했다. 지금은 많이 먹어서 힘은 남아돌지만 몸이 너무 무거워서 뛰지 못한다. 솔직히 말하자면 걷기도 힘들었다. 그래서 조금만 먹고 싶지만 맛순 아줌마 솜씨가 워낙 좋아서 늘 배 터지게 먹고 만다. 그러니까 날이 갈수록 살이 쪘다.

그러다 보니 입던 옷이 일주일만 지나면 맞지 않았다. 그래서 옷 짓는 골무 아줌마는 늘 바쁘셨다. 나만 그런 게 아니라 우리 가족 모두 그랬기 때문이다.

골무 아줌마가 바쁘시다는 말은 옷감 장수 왕 서방 아저씨도 바쁘시단 말이다. 옷감을 가져와야 옷을 지을 수 있으니까.

그러니 월급날이 되면 수많은 사람들이 줄을 설 수밖에 없지.

여덟 냥

물건이 동났네!

그나저나 혼인은 언제 시켜 주시려나? 어머니도 아버지도 아무 말씀이 없으신 걸 보니 잊으신 게 분명했다. 하기야 이리 바쁜데 언제 내 혼인에 신경 쓰시겠는가.

낮에는 넓은 집 돌보랴, 밤에는 남몰래 주머니에서 돈 만들어 내랴. 게다가 어머니 아버지께서 이렇게 갖고 싶은 게 많은 분인 줄 예전에는 몰랐다. 날만 새면 두 분은 시장으로 향하셨다.

그런 후 저녁 무렵에 돌아오시는데, 늘 마차 가득 뭔가를 싣고 오셨다. 그러다 보니 넓디넓은 우리 집이 어느새 온갖 물건으로 가득 차고 말았다. 물론 가득 차도 걱정은 없었다. 싫증난 물건은 갖다 버리고 또 사면 되니까.

그에 비하면 나는 정말 물건을 안 사는 편이었다. 내가 이제껏 산 것이라고는 고작해야 목걸이, 귀걸이, 팔찌에 신발 따위가 전부였다. 목걸이도 겨우 백여 개밖에 안 된다. 귀걸이는 그보다 조금 많아서 삼백여 개 정도. 그러나 귀걸이는 워낙 작아서 전부 해야 얼마 안 된다. 게다가 나는 자리를 많이 차지하는 책 따위는 안 샀다. 그러니까 나 때문에 집이 지저분해질 일은 없었다. 게다가 목걸이, 귀걸이, 신발 모두 청이를 위해 산 것이니까 청이와 내가 혼인하면 다 가져갈 것이다.

물론 그 외에 보료 열 개, 밥상 스무 개, 화장대 서른 개 등도 샀다. 그렇지만 이것도 다 혼인하면 가져갈 것이다. 그러니까 나를 위해 산 것은 하나도 없는 셈이었다. 모두 내 아내가 될 청이를 위해 산 거니까.

우리 가족 모두 나처럼 욕심이 없으면 참 좋으련만.

그러던 어느 날이었다. 갑자기 집 밖이 시끌벅적했다. 갑작스러운 소란에 놀란 부모님과 우리들은 모두 뛰어나왔다.

"무슨 일인가?"

아버지께서 나오시며 마당에 있는 자루 아저씨에게 물었다.

"예, 주인어른. 마을 어르신들께서 몰려오셔서 주인어른을 뵙겠다고 합니다요."

아버지께서는 어안이 벙벙해져 되물으셨다.

"마을 어르신들께서? 왜 나를 보자고 하시지?"

뒤따라오신 어머니도 궁금하신 모양이었다.

"당신 또 밖에서 무슨 일 저질렀어요?"

"무슨 소리요? 내가 말썽꾸러기나 되는 것처럼 왜 그래요?"

"그럼 당신이 말썽꾸러기가 아니면 누가 말썽꾸러기예요? 밤낮으로 술 마시고, 노름하고, 거들먹거리다가 싸움이나 벌이고."

사실 아버지께서는 예나 이제나 우리 집에 별 도움이 안 되었다.

가난할 때는 어디 가서 돈 한 푼 벌어 오지 못하시더니, 부자가 된 다음에는 이곳저곳 다니며 돈 쓰고 술 먹고 말썽만 피우시니 말이다.

"내가 말을 말아야지."

아버지께서는 할 말이 없어지면 늘 이러셨다. 그러더니 대문 밖으로 휘적휘적 나가셨다.

우리도 아버지 뒤를 따라 나갔다.

"아니, 어르신들께서 웬일이신지요?"

우리 집이 아무리 돈이 많아도 우리 마을에서 가장 어른 대접을 받는 분은 길동이 아버지, 즉 홍 참판 어른이시다. 배운 것도 많고 돈도 많지만, 무엇보다 마을 사람들을 두루 돌보아 주시는 등 인품이 뛰어나시기 때문이다.

그런데 그렇게 어른 대접을 받으시는 길동이 아버지께서 우리 집을 찾으셨다. 그분 외에 장 승상 어른을 비롯해 많은 분들이 함께 오셨다.

아버지만 놀란 것이 아니었다. 어머니를 비롯해 우리 가족 모두 놀랐다.

"어, 홍보 씨. 잠깐 할 이야기가 있어서 왔네그려."

"아, 예. 그럼 어르신들 잠깐 들어오시지요."

아버지께서는 자루 아저씨를 밀치며 앞장서 집 안으로 들어오셨다.

그 뒤를 마을 어른들이 따르셨다.

"여기, 상 좀 차려 오거라."

부엌을 향해 소리치신 아버지께서는 널찍한 대청으로 오르셨다.

잠시 후 우리 집 넓은 대청은 마을 어른들로 가득 찼다.

"여보, 빨리 가서 상 내오라고 하라니까."

"예."

어머니는 부엌으로 부리나케 달려가셨다. 이렇게 많은 어른들께서 오셨으니 제대로 대접해야 하는 것은 당연했다. 그래야 어른들께서 나를 사윗감으로 점찍으실 테니까. 그런데 청이 아버지 모습은 보이지 않네. 그러고 보니 오신 분들은 대부분 우리 마을에서 재산깨나 있다고 소문난 분들이셨다. 그러니 가난한 청이 아버지 모습이 보일 리 있나.

"다름이 아니라 자네에게 부탁이 있어 왔네."

"예, 어르신. 말씀하십시오."

어른들을 대표해서 길동이 아버지께서 말씀하셨다. 난 도대체 무슨 부탁을 하려는지 참으로 궁금했다. 혹시 나를 사윗감으로 달라는 말씀? 가만! 길동이네 집에는 내 나이 또래 여자가 없는데. 그렇다면 동네 어른들이 서로 나를 사위 삼으려고 하시나? 그래서 싸움을 말리려고 길동이 아버지께서 오셨나? 나는 침을 꿀꺽 삼키며 다음 말씀이 나오길 기다렸다.

"자네가 갑자기 부자가 되어 잘사는 모습은 참 보기 좋네. 그토록 고생을 했으니 이제는 좀 편히 살아야지."

"아, 예. 감사합니다요. 어르신."

부자니까 이제 아들 장가보내라는 말씀을 하시려는 게 분명했다. 다시 침이 꼴깍 넘어갔다.

"그런데 말일세……."

왜 이리 뜸을 들이시지? 빨리 말씀하시지.

"예, 말씀하십시오. 어르신."

"그러니까 말이야, 자네가 부자가 되고 나서부터 얼마나 물건을 사들이는지……."

"예, 물건을 제 돈 주고 샀죠."

"맞네. 자네가 무슨 도둑질을 했다는 이야기가 아니네. 그야 내가 누구보다 잘 알지. 자네 심성이 워낙 착해서 그 복주머니를 받았으니 말이네."

"당연하지요. 제가 무슨 도둑질한 것도 아니고 나쁜 짓 한 것도 아니지요."

"당연하지. 그런데 자네 식구들이 물건을 얼마나 사들이는지 우리 마을은 말할 것도 없고, 이웃 마을, 그 이웃 마을, 옆 마을, 뒷마을, 앞마을 할 것 없이 물건이란 물건은 싹 동이 났다네."

가만! 나 사위 삼겠다고 오신 게 아닌 것 같은데.

"물건이 동이 났다구요?"

"그렇다네. 뭐 밥상만 해도 저 윗마을에 '개다리소반 가게'에서만 만들고 팔지 않는가?"

"그렇지요. 밥상이야 개다리소반 가게 물건이 최고죠."

"그래. 그런데 자네 식구들이 사 간 밥상이 몇 개인지 아는가?"

"글쎄요, 우리 집사람이 한 십여 개 샀나? 잘 모르겠는데요."

아버지께서 말씀을 끝내자, 여기저기서 "끌끌!" 하고 혀 차는 소리가 들려왔다.

"무려 백이십 개라네. 백이십 개!"

"그렇습니까? 저는 몰랐는데, 조금 많네요."

"조금 많은 게 아니지. 개다리소반 가게에서 한 해에 만드는 밥상이 고작해야 백여 개인데, 자네 집에서만 백이십 개를 샀으니 다른 집에서는 밥상을 살 수 없을 것 아닌가?"

"아, 그렇겠군요."

그때였다. 잠자코 계시던 장 승상께서 입을 여셨다.

"밥상뿐만이 아니라네. 가구부터 입을 것, 먹을거리 할 것 없이 자네 식구들이 얼마나 사들이는지 이제 마을 사람들은 돈을 주고도 살 수가 없게 되었네."

아버지께서는 깜짝 놀란 표정으로 아무 말씀도 하지 못하셨다.

장 승상께서 입을 여시자 다른 어른들도 그때부터 누가 먼저랄 것도 없이 이야기를 시작하셨다.

"그렇고말고. 아니 무슨 음식을 그리도 많이 먹나? 나가 보게나. 물고기 잡는 사람들은 모두 자네 집에 가져다주고, 과일을 가꾸는 사람들 또한 모두 자네 집에 팔고 만다네. 그러니 우리는 우리 논에서 나는 곡

예뻐서 사고
새거라서 사고
있는지 모르고 사고
필요할 것 같아서 사고
그냥 사고
필요해서 사고
또 사고
심심해서 사고
왜 샀는지 모르고 사고
자네 때문에 물건이 동이났네!

식만 먹고 살아야 하지."

"아, 그뿐인가? 옷감도 모조리 사들이니 우리는 이제 벌거벗고 살아야 할 판이라네. 아니, 아무리 돈이 많아도 그렇지 무슨 옷을 그리 많이 해 입는단 말인가?"

이야기를 들어 보니 장가는 물 건너간 듯했다. 그런데 우리 때문에 마을 사람들이 먹지도 못하고 입지도 못한다니! 이건 내 장가만큼이나 심각한 일인 것 같았다. 나는 다시 침을 꿀꺽 삼키고는 이야기에 귀를 기울였다.

"먹고 입는 것뿐인가? 이제 이 마을에서는 농사도 못 짓겠다고 아우성들이네. 농기구 만들 때 필요한 쇠로 자네 집에서 사들이는 온갖 물건들을 만드니, 호미도 없고 쟁기도 없이 어찌 농사를 짓겠는가? 그뿐이 아니야. 등잔불도 수천 개를 사들여 우리는 이제 해가 저물면 아무것도 할 수 없다네."

한참이 지나자 마을 어른들이 더 이상 하실 말씀이 없는지 잠시 주춤했다. 그 틈을 놓치지 않고 아버지께서 말씀하셨다.

"그럼 어르신들도 돈 주고 사시면 되지 않나요?"

맞다. 정말 마을 어른들도 사면 될 텐데 왜 우리 탓을 하지?

"그렇지. 예전에는 우리도 샀지. 그런데 이젠 살 수가 없다네. 왠지 아나?"

"모르겠는데요."

"허허! 답답한 노릇이군. 자네 집에서 평소 값보다 훨씬 비싸게 사들이니 어떤 장사치가 우리에게 팔겠는가?"

한참을 잠자코 계시던 길동이 아버지께서 오랜만에 입을 여셨다.

"그렇다네. 홍보 씨, 언짢게 생각하지 말고 들어 보게. 예전에는 밥상 하나에 스무 냥을 주면 되었지. 그런데 자네 가족이 얼마 주고 사는지 아나? 백 냥을 주고 산다네. 그러니 다른 사람이 어찌 그 돈을 주고 살 수 있나? 개다리소반 가게에서는 당연히 자네 집 식구들에게만 팔 수밖에. 우리보다 다섯 배를 주니 누군들 다른 사람에게 팔고 싶겠는가?"

"아니, 물고기는 어떻고. 예전에 심학규는 큰 물고기 한 마리에 한 냥을 받았지. 그런데 이제는 열 냥을 달라는군. 그러니 어찌 우리가 물고기 한 마리 먹을 수 있겠는가?"

하기야 우리는 물고기 한 마리에 백 냥을 내도 괜찮았다. 돈이 주머니에서 끊임없이 솟아나니 말이다. 그렇지만 우리도 주머니가 생기기 전에는 한 냥을 구하기도 힘들었다. 농사철에 온종일 일을 해 주면 고작 한 냥을 받았으니까.

"그렇군요. 저는 몰랐습니다. 그럼 이제부터라도 물건을 덜 사겠습니다. 저희는 그런 사실은 까맣게 몰랐습니다. 파는 사람들 누구도 그런 말을 하지 않았으니까요."

"당연하지. 그 사람들이야 돈 많이 주는 사람에게 파는 게 이익이니까 말이네."

"그렇지요. 여하튼 저희 때문에 마을 어르신들께서 힘드셨겠습니다. 죄송합니다."

"흥보 씨가 그렇게 이해해 주니 우리도 홀가분하구먼. 그럼 우리는 그렇게 알고 그만 일어나겠네."

말씀이 끝나자 길동이 아버지께서는 자리에서 일어나셨다. 그러자 마을 어른들께서 모두 따라 일어나셨다.

"아니, 식사라도 하고 가시지요?"

아버지께서는 부랴부랴 따라 일어나며 말씀하셨다.

"괜찮네. 이 많은 사람이 밥을 먹으려면 또 고기며 먹을거리를 다 사들일 것 아닌가. 그럼 또 우리 가족들은 굶어야 하네. 허허허! 그러니 그냥 가겠네."

말씀이 끝나자 길동이 아버지와 장 승상을 비롯한 마을 어른들께서 파도가 밀려가듯 우르르 나가셨다.

"그럼 살펴 가십시오."

아버지께서는 나가시는 마을 어른들을 바라보며 큰 소리로 인사하셨다.

얼렁뚱땅 큰돌이 생각

공기는 공짜고, 귀걸이는 비싼 까닭

그러니까 어디서 구할 거냐고?
어… 가게에서요.
어느 가게?
어, 개다리소반 가게?
형, 개다리소반 가게에 물건이 다 떨어졌다잖아.
키돌
흐유
뭐가 문제지? 정말 우리 가족 중에 나만큼 똑똑한 사람은 없는 것인가?
형, 내가 한마디만 할게.
중돌
물건 값이 오르는 것은 필요한 순간 물건을 즉시 만들 수 없어서, 필요한 사람보다 물건이 부족하기 때문이야. 또 사려는 사람보다 물건이 많으면 물건 값은 그만큼 내리게 되지. 그래서 물건 값이 안정되려면 일정한 시간이 필요해. 정리하자면 아무리 필요한 물건이라 해도 한없이 많으면 값이 오르지 않아. 반대로 별로 필요하지 않은 물건이라도 귀하면 값이 비싸기 마련이고.
췟, 또 잘난 체냐?
그래서 숨 쉴 때 꼭 필요한 공기는 공짜구나. 어디에나 있으니까.
순돌
그럼 큰돌이 형이 사들인 목걸이가 비싼 까닭은 아무짝에도 쓸모없는데도 귀해서 그런 거야?
세돌
그렇지.
중돌
쳇, 중돌이 녀석이 틀렸다. 공기가 공짜인 것은 '공'이란 글자가 들어갔기 때문이고, 내가 사들인 귀걸이가 비싼 것은 '귀'란 글자가 들어가서 귀하기 때문이다. 아, 언제나 나를 이해해 줄 사람이 나타날 것인가!

아홉 냥

중돌이는 돈을 관리하니까…

그날부터 우리 집에서는 비상이 걸렸다.

마을 어른들이 다 가시자 아버지께서는 온 가족을 부르셨다.

"모두들 들었지? 이제부터 물건을 살 때 값을 너무 많이 주면 안 된다. 또 사고 싶다고 무조건 사면 안 된다. 이 두 가지를 지키지 않으면 우리 집은 이 마을에서 살기 힘들지도 모른다. 알았지?"

"그럼 오늘부터 내가 먹고 싶은 떡도 먹으면 안 돼요?"

키돌이 녀석이 가장 먼저 입을 열었다.

"그래, 이제 집에서 하는 밥만 먹어라. 아니, 밥 말고도 먹을거리 많잖아. 우리가 떡장수들 떡을 다 사 버리니 다른 사람들이 떡을 먹을 수 없잖아. 그러니 좀 참아라."

"그런 법이 어디 있어요. 이제까지 먹던 것을 못 먹게 하다니!"

"아버지, 나는 번데기 먹고 싶어요. 번데기는 먹어도 되지요?"

"번데기도 좀 참아라, 꼬돌아."

정말 꼬돌이와 막돌이는 번데기를 먹어도 너무 먹었다. 번데기 파는 아저씨가 우리 집에서 먹는 번데기를 구하려고 온 마을을 돌아다니는데, 번데기가 많지 않기 때문에 다른 마을을 찾아다니기도 하고 급기야는 중국과 무역하는 장사꾼을 통해 중국산 번데기를 사 오기도 했다. 그러니 다른 사람들이 번데기 맛을 볼 수 없는 것은 당연했다.

"난 번데기 없으면 안 되는데……."

막돌이 녀석은 시무룩한 표정을 지으며 입을 쭉 내밀었다.

"막돌아, 엄마가 조금씩 사 줄 테니 걱정하지 마라. 알았니?"

"알았어요."

어머니께서 달래자 그제야 막돌이 표정이 풀렸다.

그렇다면 나는 어떡하지? 나는 워낙 참을성이 강해서 먹는 것은 별로 사지 않았다. 다만 혼인을 준비하기 위해 이런저런 물건을 샀을 뿐이다. 그리고 앞으로도 혼인에 필요한 물건을 사야 하는데 어떡하지? 걱정이다.

아무리 그렇다고 남의 혼삿길까지 막을 수는 없는 일 아닌가?

"아버지, 저는 어떡해요? 혼인에 필요한 물건은 사야 하잖아요."

당연히 아버지, 어머니도 이해해 주실 거다. 그런데…….

"뭐? 이런 정신 나간 녀석 같으니라고. 야, 너에게 시집오겠다는 여자도 없는데 무슨 혼인이냐, 혼인은. 오늘부터 너는 아무것도 사지 마, 알

왔어?"

난 아버지께서 이리도 크게 소리치시는 걸 처음 봤다. 게다가 우리 아버지도 큰소리를 내실 줄 안다는 사실도 처음 알았다.

그런데 내게 시집오겠다는 여자가 없다니!

분명 청이, 춘향이 모두 내게 시집오려고 마음먹고 있을 텐데, 왜 안 오냐고? 내 혼인이 이토록 늦어진 건 우리 부모님이 청이 아버지 심학규 어른이나 춘향이 어머니인 월매 아줌마에게 아무 말도 하지 않아서다. 남자네 집에서 혼인하자고 해야 여자네 집에서도 하자고 하지, 남자네 집에서 아무 말도 없는데 어찌 여자가 먼저 혼인하자고 한단 말인가.

그런데도 아버지께서는 왜 내게 호통을 치시는 건지 모르겠다. 큰아들 혼인을 추진하지도 않으시면서 말이다. 정말 내가 이 집 큰아들이기는 한 걸까?

나는 화가 나서 아무 말도 하지 않고 내 방으로 와 버렸다.

내가 혼인하지 않으면 손주 재롱도 못 보실 테니, 장가 안 간다고 버틸까? 그럼 어떻게 하시려고 저러시는지 참 답답했다.

"여보, 정말 큰일이우. 이제 우리도 돈 있겠다 집도 있겠다 남부러울 것 없는데도 큰돌이에게 시집오겠다는 처녀가 없으니 어쩌지요?"

"에이, 바보 같은 녀석. 오죽 못났으면 시집오겠다는 처녀가 하나도 없나. 하기야 나라도 저 녀석에게는 딸 시집보내기 싫겠다."

"그러니 어쩌면 좋아요. 큰돌이가 장가를 가야 중돌이도 보낼 텐데.

다들 중돌이에게만 시집오겠다고 나서니, 원 참."

두 분이 이런 말을 주고받았다는 사실을 나는 알지 못했다. 그런데 다른 녀석들은 그 사실을 알았다고 한다. 정말 나쁜 녀석들이다. 다른 사람이 하는 말을 엿듣는 것이 얼마나 나쁜 일인데.

마을 어른들이 왔다 간 지 며칠이 지난 후였다. 또다시 집 안이 소란스러워졌다.

"아니, 요즘엔 물건도 안 사는데 왜 또 이리 시끄럽지?"

요즘 들어 약간 가벼워졌지만 그래도 무거운 몸을 이끌고 마당에 나간 나는 깜짝 놀랐다. 이번에 들이닥친 사람들의 수는 지난번 마을 어른들이 찾아왔을 때와는 비교도 안 될 만큼 많았다.

"그러니 어쩌란 말이오?"

자루 아저씨를 비롯해 일하는 사람들이 나서서 수많은 사람들을 막고 있었다.

"우리 물건을 사 달라고요."

아하, 우리 집에 물건을 팔던 상인들이 몰려온 것이었다.

"이젠 물건 못 사요. 그러니 물러가시오."

"그런 법이 어디 있소? 며칠 전까지 사던 물건을 갑자기 못 산다니! 그럼 우린 어디 가서 물건을 판단 말이오?"

"아, 마을 사람들에게 팔면 되지 않소?"

자루 아저씨가 큰 소리로 말했다.

그때였다. 장인어른, 아니 청이 아버지께서 앞으로 나서셨다.

"여보게, 자루. 자네도 알다시피 흥보네는 물고기 한 마리에 열 냥을 주는데, 다른 집에서는 고작 한 냥밖에 안 준다네. 제발 흥보 어른을 만나게 해 주게나."

아니, 우리 아버지에게 '흥보 어른'이라니! 예전에는 '흥보야' 하고 부르셨는데.

그때였다. 잠자코 듣고 있던 아버지께서 앞으로 나서며 말씀하셨다.

"학규 어른, 이젠 물고기 한 마리에 열 냥씩 드릴 수가 없습니다. 우리 집에서 물건을 모두 사 버리면 다른 사람들은 입을 것도 못 사고, 먹을거리도 못 산답니다. 그러니 우리도 다른 집과 똑같은 값을 치러야 합니다."

"어, 흥보 어른 나오셨습니까? 우리는 누가 못 사고 못 먹는지는 관심 없습니다. 그저 우리 물건을 예전처럼 사 달라는 것입니다. 아, 흥보 어른께서 물건을 사 주셔서 우리도 오랜만에 돈을 만져 보는데, 다시 예전처럼 가난하게 살라니 이럴 수가 있습니까?"

빗자루를 팔던 초랑이가 울음 섞인 말투로 하소연했다. 그러자 모인

사람들이 입을 모아 외쳤다.

"맞습니다, 흥보 어른. 예전처럼 물건을 사 주십시오."

모인 사람이 어찌나 많은지 하늘이 쩌렁쩌렁 울릴 정도였다.

"허어, 이걸 어쩐다. 이러지도 저러지도 못하니!"

"어르신, 제발 물건을 사 주십시오."

"사 주십시오!"

이럴 땐 나처럼 똑똑한 사람도 어떻게 해야 할지 모르겠다. 그러니 아버지께서 어쩔 줄 모르시는 것도 당연했다.

그때였다. 키돌이 녀석이 갑자기 나타나더니 아버지께 다가가 귀에 대고 소곤거렸다.

그러자 아버지 표정이 환해지시더니 상인들을 향해 입을 여셨다.

"여러분, 돌아가 계십시오. 그럼 심학규 어른에게 대표로 말씀을 전하겠습니다. 아시겠습니까?"

아버지 말을 들은 상인들은 서로 마주 보며 어떻게 할까 고민하더니, 이윽고 심학규 어른이 대답하셨다.

"그럽시다. 흥보 어른이 거짓말할 분은 아니니 돌아가 기다립시다. 좋은 소식 전해 주실 테니까요. 알겠습니까?"

"알겠습니다."

상인들은 모두들 고개를 끄덕이며 발길을 돌렸다. 그러자 심학규 어른이 아버지께 다가와 사정하셨다.

"흥보 어른, 꼭 부탁합니다. 안 그러면 우리 모두 못 삽니다. 흥보 어

른도 예전에 고생을 해 보지 않으셨습니까? 우리 같은 사람 심정을 이해해 주십시오."

아, 미래의 장인어른이 통사정하는 모습을 보는 내 가슴은 찢어지는 듯했다. 그 순간 도저히 참을 수 없었던 나는 앞으로 나서 심학규 어른에게 다가갔다.

"아버님, 걱정 마십시오. 제가 책임지고 아버님 물고기는 사 드리도록 하겠습니다. 돌아가서 기다리세요. 그리고 청이는 잘 있지요?"

아, 정말 뿌듯했다. 청이 아버지를 위해 내가 이토록 훌륭한 일을 하다니!

어? 그런데 심학규 어른 표정이 왜 이렇지!

"아, 큰돌이. 청이 걱정은 하지 말게나. 잘 있으니까."

그러더니 아버지 곁에 서 있는 중돌이를 향해 뚜벅뚜벅 걸어가는 게 아닌가!

"여보게, 중돌이. 꼭 부탁하네. 자네가 마음만 먹으면 물건 값을 줄 수 있지 않은가. 그리고 이거 받게나."

바지춤을 뒤적이신 심학규 어른은 예쁘게 수를 놓아 만든 주머니 하나를 꺼내더니 중돌이에게 건넸다.

"이거 우리 청이가 만든 거라네. 자네가 돈 관리하니까 돈주머니가 필요할 거라면서 전해 주라더군."

말이 끝나기도 전에 중돌이 녀석은 두 손으로 받더니 입을 열었다.

"아버님, 걱정 마세요. 제가 알아서 하겠습니다. 그리고 청이에게 고맙다고 꼭 전해 주세요. 제가 한번 찾아가겠다고요."

"전하다마다. 꼭 한번 찾아오게나. 기다리고 있겠네, 중돌이."

"예, 그럼 다시 뵙겠습니다. 안녕히 돌아가십시오."

그러면서 청이 아버지를 향해 깍듯이 인사를 하는 것이었다.

뭐야? 청이가 수놓은 주머니를 왜 중돌이에게 주는 거지?

아, 돈을 관리하니까 그렇구나.

그럼 미래의 남편이 될 내게는 왜 안 주는 거야? 아, 요즘 워낙 바쁘니까 하나밖에 만들지 못했구나. 아니, 미래의 남편에게는 작은 주머니가 아니라 옷을 한 벌 짜 주려는 것이 분명해. 난 또 그것도 모르고 오해할 뻔했네. 역시 청이는 얼굴만 예쁜 게 아니라 마음까지 착하단 말이야. 그러니 내가 춘향이나 가락이, 총채에게 장가를 갈 수가 없다. 물론 모두들 나를 좋아하지만 나는 오로지 청이밖에 없다.

이튿날이었다. 중돌이가 부리나케 밖으로 나갔다. 그리고 얼마 후 청이 아버지께서 휘적휘적 집 안으로 들어오셨다.

"오셨습니까?"

대청에서 기다리시던 아버지께서 청이 아버지를 반갑게 맞으셨다.

"아이고, 홍보 어른. 고맙습니다."

두 분은 반갑게 인사를 나누고는 방으로 들어가셨고, 그 뒤를 중돌이가 따랐다. 미래의 장인에게 인사를 드리는 것은 당연하니 나 또한 서둘러 방으로 들어갔다.

"큰돌아, 너는 밖에 나가 있거라. 어른들끼리 할 이야기가 있으니."

내가 들어가자마자 아버지께서는 나를 쳐다보지도 않으시고 이렇게 말씀하셨다. 정말 나가야 하나? 그런데 왜 어른이 아닌 중돌이는 방에 남아 있지?

"어서 나가 있으래두."

내가 머뭇거리자 아버지께서 다시 말씀하셨다.

"예."

나는 어안이 벙벙해진 채 밖으로 나올 수밖에 없었다.

이건 또 무슨 일이지? 아, 중돌이는 돈을 관리하니까 남아야지. 그것도 모르고 내가 오해했네. 당연한 일인데. 역시 난 똑똑하다니까! 상황을 이렇게 빨리 이해하니 말이다.

열 넷

주판이의 속셈

이튿날 아침이었다. 아직 잠도 덜 깨었는데 갑자기 집 안이 소란스러웠다. 요즘엔 이런 일이 자주 있었기 때문에 별로 놀랍지는 않았지만, 궁금해서 문을 열고 보았다.

그러자 예전처럼 많은 상인들이 물건을 지고 집 안으로 들어왔다.

아하, 어제 물건을 다시 사기로 약속하셨구나.

똑똑한 나는 금세 판단했다. 그리고 내 판단대로 그날부터 매일 많은 상인들이 예전처럼 물건을 들고 우리 집으로 들락날락하기 시작했다.

그리고 돈을 지불해야 할 날이 왔다.

"줄을 서시오, 줄을 서!"

자루 아저씨가 예전처럼 상인들을 줄 세우느라 정신이 없었다. 그리고 앞에서는 중돌이가 다시 일일이 돈을 지불하고 있었다.

"중돌아, 그런데 왜 돈이 부족하냐?"

매번 늙은 호박을 가져오는 월매 아줌마가 물었다.

"왜요, 아줌마?"

"아니, 호박 하나에 열 냥씩이니까 모두 서른 냥 아니냐?"

"아, 아줌마. 이제부터는 호박 하나에 다섯 냥씩 드리기로 했어요. 학규 어른께 말씀드렸는데, 못 들으셨어요? 모든 물건을 예전 값의 반에 사기로 했어요."

"그랬구나. 그래도 고맙다. 안 그러면 한 냥밖에 못 받을 건데."

아, 그러니까 지난번보다 반값 싸게 사기로 했구나. 그러면 다른 사람들도 반값에 살 수 있으니까 서로 좋겠군.

그 무렵 마을 사람들은 장 승상 댁에 모여 회의를 하고 있었다.

"이젠 방법이 없네. 그렇게 말을 했는데 계속 자기 고집만 부리다니!"

길동이 아버지 홍 참판께서 입을 여셨다.

"참판께서는 무슨 방도라도 있으신가요?"

장 승상께서 침울한 표정으로 물으셨다.

"흥보가 예전보다 싸게 물건을 사들이는 것은 그 나름대로 우리 말을 들은 것 아닌가요? 그러니 더 이상 뭐라 할 수 없지요."

"그렇지만 예전에 비해 다섯 배나 주고 물건을 사는 것은 다른 사람에게 피해를 주는 겁니다."

허 생원께서 나서셨다.

"맞아요. 열 배건 다섯 배건 마찬가지지요. 상인들은 두 배만 받을 수 있어도 그쪽에 물건을 팔 텐데, 다섯 배나 주는데 홍보네 집에 모두 팔 것은 당연합니다."

나이는 젊지만 마을에서 가장 총명하다고 소문난 김 진사 댁 맏아들 주판이었다.

이 자리에 모인 십여 명의 마을 사람들은 우리 집이 부자가 되기 전만 해도 마을 상인들을 먹여 살리는 부자들이었다. 이들이 소유한 논과 밭이 마을 땅의 절반을 훨씬 넘을 정도니까.

그런데 이제는 그런 부자조차도 마음대로 물건을 살 수 없게 되었다. 그뿐이 아니었다. 이들 부자들의 땅에 농사지으며 거기서 나오는 곡식과 채소를 부자들과 나누어 갖던 농민들은 훨씬 어려운 삶을 살 수밖에 없었다. 예전에는 가끔 고기도 사 먹고 물고기도 사 먹고, 명절 때는 새 옷도 사 입곤 했지만 이젠 어림도 없었다. 부자들도 살 수 없는 물건을 농사꾼들이 사는 것은 아예 불가능했다.

"그럼 어떻게 하면 좋단 말이냐?"

홍 참판이 물었다.

한참 동안 그 누구도 말을 하지 못했다. 하기야 돈 가진 사람이 자기 돈으로 물건 사겠다는데 뭐라고 하겠는가.

그때였다. 주판이가 다시 입을 열었다.

"홍보 아저씨네는 논이나 밭이 있나요?"

사실 우리는 땅이 없었다. 과거에는 돈이 없어서 땅을 살 수 없었고,

이제는 돈이 많기 때문에 땅이 필요하지 않았다. 돈 주고 사면 되는데 굳이 농사를 지을 필요가 없었기 때문이다.

"흥보네는 땅이 없지. 그렇지? 여보게들."

"그렇습니다, 참판 어른."

"그래, 주판이 네게 무슨 방도가 있느냐?"

주판이가 눈을 크게 떴다.

"방도가 있습니다."

"그래? 그게 뭐냐?"

모인 사람들이 모두 귀를 쫑긋 세우고 주판이 곁으로 다가왔다.

"흥보 아저씨네는 돈은 많지만 땅은 없잖아요. 반면에 우리는 땅은 있지만 돈이 별로 없지요."

"그렇지."

"그러니 흥보 아저씨에게 논과 밭에서 나는 곡식이며 채소를 팔지 않는 거예요."

주판이 말이 끝나자 다른 사람들이 고개를 갸웃거렸다.

"흥보네에게 곡식이며 채소를 파는 건 우리 땅에서 농사짓는 사람들이다. 그들이 우리 몫을 주고 남은 것을 다른 사람에게 파는 것을 어찌 막는단 말이냐?"

"강제로 못 팔게 하는 게 아니고요. 우리 몫 가운데 먹고 남는 것은 시장에 내다 팔잖아요. 우선 그것을 팔지 않는 거예요. 그리고 농사짓는 사람들 몫도 우리가 사는 거예요. 흥보 아저씨네와 같은 값에."

안 팔아요옷!

"그럼 우리 집에 곡식과 채소가 쌓일 텐데. 그걸 다 어디에 쓰누?"

박 첨지께서 고개를 가로저으며 말씀하셨다.

"박 첨지 아저씨, 제 말씀을 들어 보세요. 제 말씀대로 하시면 여러 어르신 댁에는 곡식과 채소가 가득 쌓일 거예요. 그렇지만 흥보 아저씨 댁에서는 곡식과 채소를 구하기 힘들겠지요. 가구나 옷가지 따위는 없어도 불편할 뿐이지만, 곡식과 채소가 없으면 당장 살 수가 없잖아요."

"그렇지. 옷은 덜 입어도 살지만 안 먹고는 못 살지."

허 생원께서 맞장구를 치셨다.

"그럼 결국 어떤 일이 벌어지겠어요?"

"맞다. 그럼 흥보네는 우리에게 와서 곡식과 채소를 팔라고 하겠구나. 그럼 우리는 지금보다 훨씬 비싼 값에 팔 수 있겠네."

허 생원 말씀이 끝나자 주판이가 손뼉을 치며 말했다.

"맞아요, 아저씨. 지금까지 흥보 아저씨가 쌀 한 가마니에 서른 냥에

샀잖아요. 그렇지만 우리는 백 냥에 파는 거예요. 그렇게 받은 돈으로 다시 농사짓는 사람들에게 곡식과 채소를 비싸게 사들이면 농사짓는 사람들도 지금보다 훨씬 부자가 되겠죠. 어때요?"

주판이 말이 끝나자 이곳저곳에서 수군거리기 시작했다.

이윽고 홍 참판께서 입을 여셨다.

"네 말을 듣고 보니 그럴듯하구나. 여러분 생각은 어떠십니까?"

"주판이 말이 옳습니다. 오늘부터라도 주판이 말대로 합시다."

장 승상께서도 동의하셨다.

"그런데 누군가 이 일을 책임지고 맡아 해야 하지 않겠습니까?"

허 생원께서 말씀하셨다.

"그거야 당연히 주판이가 맡아야지."

홍 참판께서 말씀하셨다.

"주판아, 네가 이 일을 맡아서 추진하거라. 네가 계획을 세웠으니 네가 추진하는 게 가장 낫지 않겠니?"

"알겠습니다, 어르신."

그리하여 그때부터 주판이가 이 일을 담당하게 되었다.

주판이는 마을 사람들을 일일이 찾아다니며 자신의 계획을 설명했다. 그리고 며칠만 지나면 모든 마을 사람들이 흥보네 때문에 겪는 어려움이 사라질 뿐 아니라, 오히려 더 큰 이익을 얻게 된다고 차근차근 설명했다. 그러자 모든 사람들이 주판이 말에 따르기로 결정했다.

열한 냥

사라진 상인들

이튿날 날이 밝았다.

"어? 오늘은 왜 상인들 모습이 보이지 않지?"

마당을 쓸며 자루 아저씨가 고개를 갸우뚱했다. 여느 날 같으면 새벽부터 온갖 곡식과 채소를 든 상인들이며 농사꾼들이 집으로 모여들었을 것이다. 그런데 오늘은 집 안이 쥐 죽은 듯이 고요했다.

"모두들 늦잠을 자나?"

그러나 농사꾼들이 늦잠을 잔다는 말은 들어 본 적이 없었다.

자루 아저씨가 마당을 쓰는 사이 부엌에서 일하는 가락이가 나왔다.

"아저씨, 장사하는 사람들 안 왔어요?"

"글쎄다. 오늘은 통 안 보이네."

"어떻게 된 일이지? 채소랑 사야 반찬을 할 텐데."

가락이 또한 고개를 갸웃하고는 부엌으로 사라졌다. 잠시 후 맛순 아줌마가 직접 나왔다.

"자루 아저씨, 나가서 곡식이랑 채소랑 가져오던 사람들 좀 찾아보세요. 아침을 지어야 하는데 재료가 없으니, 원."

"알았네. 내 나가 봄세. 어찌 된 일이지?"

자루 아저씨는 들고 있던 빗자루를 놓고는 바삐 밖으로 나갔다.

자루 아저씨가 처음 찾아간 집은 춘향이네였다.

"월매, 있는가?"

"누구시오?"

벌써 일어나 밥을 짓던 월매 아줌마가 마당으로 나왔다.

"아니, 이게 누구야? 그래 자루 아저씨가 웬일이오?"

"아, 왜 오늘은 채소 팔러 오질 않는가 해서. 빨리 와야 채소 팔 수 있잖우. 그러니 나랑 함께 가자고."

여느 때 같으면 이런 말 하기 전부터 어제 수확한 갖은 채소를 가지고 팔러 올 월매 아줌마였는데, 이상했다.

"그게…… 어…… 그러니까."

월매 아줌마는 따라나서기는커녕 머뭇거리며 전혀 나설 기세가 아니었다.

"아니, 왜? 안 가려고?"

"예, 사정이 있어서 오늘은 채소를 팔 수 없어요."

"뭐라고? 채소를 팔 수 없다고? 아니, 그렇게 비싸게 사 주는데 안 팔겠다니. 그러다가 굶어 죽을지도 모르는데. 어디 더 비싸게 산다는 사람이 있나?"

"아니, 그런 게 아니고요. 여하튼 오늘은 팔 수 없을 것 같아요. 그러니 그냥 돌아가세요. 내 팔 수 있게 되면 부리나케 쫓아갈 테니까요. 미안해요, 자루 아저씨."

하릴없게 된 자루 아저씨는 춘향이네 이웃, 방자네 집을 찾았다. 그러나 그곳에서도 똑같은 대답을 들어야 했다. 빈손으로 나온 자루 아저씨가 길 건너 팔계네 집에 갔을 때도 대답은 한결같았다.

"뭔가 이상해. 모두들 입을 맞춘 듯 똑같은 말만 하니 말이야."

결국 자루 아저씨는 집으로 돌아올 수밖에 없었다.

"맛순이, 아무도 채소를 팔지 않겠대. 그러니 오늘은 채소 없이 밥상을 차려야 하겠네그려. 이따 장에 가서 필요한 것을 살 수밖에. 알겠나?"

"참, 이 일을 어쩌나? 채소 없이 무슨 반찬을 만들지?"

맛순 아줌마도 답답하긴 마찬가지였다.

결국 그날 아침 밥상에 채소 반찬은 오르지 못했다.

반면 마을에서 마당이 가장 넓은 허 생원 댁에서는 아침부터 주판이와 허 생원께서 나서 마을 사람들이 가져온 곡식이며 채소를 사느라 분주했다. 이튿날에도, 그다음 날에도, 또 그다음 날에도 똑같은 일이 벌어졌다.

결국 우리 집에서도 이 사실을 알게 되었다.

"어쩐지 이상하다 했지. 내 건너가서 허 생원에게 알아보고 오지. 중돌아, 나랑 같이 가자."

"예."

아버지와 중돌이는 길 건너 허 생원 댁으로 향했다.

허 생원 댁에 도착한 아버지와 중돌이는 엄청난 양의 곡식과 채소가 마당에 쌓여 있는 모습을 보고는 깜짝 놀랐다.

"아니, 이 많은 곡식과 채소를 어쩌려고 쌓아 놓나? 우리 집에 팔면 좋을 텐데."

"글쎄 말이에요."

두 사람은 허 생원을 찾았다.

"허 생원, 계신가? 나 흥보네."

잠시 후 허 생원께서 주판이와 함께 마당으로 나오셨다.

"오셨어요, 흥보 아저씨?"

주판이가 깍듯이 아버지께 인사를 했다.

"어, 주판이구나."

"그런데 웬일이세요, 흥보 아저씨?"

주판이는 시치미를 딱 떼고 물었다.

"어, 요즘 우리 집에 곡식이며 채소를 팔러 오는 사람들이 없는데, 마침 여기 곡식과 채소가 있다는 말을 듣고 사려고 왔지."

"예, 허 생원님. 돈은 충분히 가져왔으니 얼마에 파실지 말씀해 주세요. 저희 집에 채소가 다 떨어져서요."

중돌이가 거들었다.

그러나 허 생원과 주판이의 반응은 떨떠름했다.

“주판아, 여기 있는 곡식과 채소 가운데 팔 게 있니?”

“생원 어른, 사실 팔 게 없어요. 저희가 필요한 만큼만 가지고 있거든요. 어쩌지요?”

허 생원과 주판이는 손발이 착착 맞는 듯했다.

“아니, 이렇게 많은데 팔 게 없다니! 허 생원, 그러지 말고 좀 팔게나.”

“글쎄, 나 혼자 결정할 일이 아니라네. 우리 마을에서 필요해서 사 놓은 것이거든.”

“맞아요, 아저씨. 죄송한데 저희도 어쩔 수가 없어요.”

마을에서 돈이 가장 많은 우리 집이 갑자기 먹을거리를 구하려고 사정을 하는 신세가 되었다.

“그러지 말고 조금만이라도 팔게. 당장 밥상에 찬거리가 없단 말이네. 곧 쌀도 다 떨어질 걸세.”

아버지께서 사정을 하시자 허 생원과 주판이는 곰곰 생각하더니 이윽고 입을 열었다.

“이건 파는 게 아닌데, 자네 사정이 어렵다니 어쩔 수 없구먼. 주판아, 홍보 아저씨께 곡식이랑 채소 좀 팔아라.”

“고맙네그려. 중돌아, 빨리 주판이에게 돈을 치르거라. 백 냥쯤 주면 얼추 필요한 만큼은 살 수 있겠지?”

그러자 주판이가 물었다.

“무엇 무엇이 필요하세요?”

"어, 그러니까 배추 백 포기, 고추 열 포대, 마늘 다섯 접, 파 백 단, 미나리 스무 단, 무 백 개, 시금치 백 단, 오이 백 개, 가지 백 개. 우선 이 정도면 되겠다."

"그럼 백 냥이면 되겠지, 주판아?"

중돌이 말이 끝나자마자 주판이가 말했다.

"그럼 배추가 한 포기에 열 냥, 고추 한 포대에 백 냥, 마늘 한 접에 백 냥, 파 한 단에 열 냥, 미나리 한 단에 열 냥, 무 한 개에 열 냥, 시금치 한 단에 열 냥, 오이 한 개에 열 냥, 가지 한 개에 열 냥이니까, 합하면…… 모두 칠천칠백 냥이네요. 중돌아, 칠천칠백 냥!"

"뭐? 칠천…… 칠백…… 냥?"

중돌이는 너무 놀란 나머지 하마터면 뒤로 넘어갈 뻔했다. 그러나 주판이와 허 생원은 눈 하나 깜짝거리지 않은 채 말했다.

"어, 요즘 채솟값이 좀 올랐어. 그래서 예전 가격과 비교하면 좀 비싸지. 흥보 아저씨, 사실 거예요? 아니면 다른 곳에서 사시든가요."

아버지 또한 입을 다물지 못하셨다. 아무리 돈이 많아도 이렇게 비쌀 줄은 꿈에도 몰랐으니까.

그렇다고 다른 뾰족한 수가 있는 것도 아니었다. 채소를 구하기 위해 면 지방으로 가려면 시간도 많이 걸릴 뿐 아니라 여기보다 싸다는 보장도 없었다.

'정말 비싸군. 그렇지만 우리한테는 그 주머니가 있으니까.'

생각을 마친 아버지께서는 중돌이에게 말씀하셨다.

“중돌아, 어서 가서 돈을 가져오너라. 칠천칠백 냥.”

“알았어요, 아버지.”

중돌이는 부리나케 집으로 달려와 안방 금고에서 칠천칠백 냥을 꺼냈다. 그러나 칠천칠백 냥은 혼자서는 도저히 들 수 없는 양이었다. 아니 사람이 들 수 없을 만큼 무거웠다. 결국 중돌이는 일하는 사람들을 모두 불러 돈을 마차에 싣도록 했다.

칠천칠백 냥을 싣자 말들도 마차를 끄는 데 힘이 부치는 듯 가쁜 숨을 내쉬었다. 그도 그럴 것이 마차 한 대에 어른 열 명 이상이 탄 셈이었다. 그러니 말도 힘에 겨울 수밖에.

여하튼 이렇게 해서 가까스로 우리는 채소를 구했다.

그런데 집에 돌아온 아버지께서 말씀하셨다.

“아차, 곡식을 못 샀구나. 채솟값에 깜짝 놀라서 곡식 사는 걸 깜빡했네. 중돌아, 가서 곡식도 사 오거라.”

“아버지, 금고에 돈이 하나도 없어요. 채소 사는 데 다 썼거든요.”

“아, 그렇겠구나. 그럼 돈을 또 꺼내야지.”

아버지께서는 부랴부랴 방으로 들어가셔서 돈주머니에서 돈을 꺼내기 시작하셨다. 한참을 꺼낸 아버지께서는 중돌이에게 말씀하셨다.

“이 정도면 되겠지? 쌀 열 가마와 콩 한 가마, 보리 두 가마면 충분하니까.”

“얼마예요?”

“천 냥이다.”

"알았어요, 아버지. 그럼 다녀오겠습니다."

중돌이는 다시 천 냥을 마차에 싣고 허 생원 댁으로 향했다.

얼마나 지났을까. 마차 소리가 요란하게 들려왔다.

"그 녀석 참 빨리도 다녀왔네."

아버지께서 마당으로 나가셨다. 그런데 이게 웬일인가? 중돌이 얼굴은 새빨간데 마차에는 곡식은커녕 아무것도 실려 있지 않았다.

"아니, 중돌아. 왜 곡식이 없느냐?"

입을 채 열지 못하던 중돌이가 잠시 숨을 고르더니 이윽고 말했다.

"아버지. 쌀 한 가마에 천 냥, 콩 한 가마에 오천 냥, 보리 한 가마에 천 냥이래요. 그래서 모두 만 칠천 냥을 내래요."

"뭐, 뭐라고? 만…… 얼마?"

"만 칠천 냥요."

"만 칠천 냥?"

"예."

말을 마친 중돌이는 더 이상 말을 잇지 못했다.

"아니, 이럴 수……. 우리는 고작 열 배에 샀는데, 백 배를 내라고?"

아버지와 중돌이가 주고받는 말을 들은 가족들이 몰려나왔다. 그리고 우리 모두는 어떤 상황인지 깨닫게 되었다.

"그러니까 마을 사람들이 곡식이며 채소를 다 사들인 다음, 우리에게

백 배를 내라는 거지요?"

"그렇다니까."

어머니의 질문에 아버지께서는 어이가 없다는 듯이 대답하셨다.

"그럼 어쩌겠어요. 그 값에 사야지."

그때 작돌이가 거들고 나섰다.

"아버지, 이번에 그 돈을 주고 사면 다음에는 더 비싸게 내라고 할 거예요. 그러니까 그 값에 사면 안 돼요."

"뭐, 사면 안 된다고? 그럼 굶자는 말이냐?"

나는 어이가 없었다. 아무리 어린 녀석이지만 그걸 말이라고 하나? 게다가 우리는 끝없이 돈이 나오는 주머니가 있으니 아무리 비싸게 받아도 괜찮았다. 다만 아버지께서 돈을 꺼내는 데 조금 힘이 들 뿐이었다.

"아버지, 어서 들어가셔서 주머니에서 돈 꺼내세요. 그럼 될 것을."

"맞아요, 아버지. 방법이 없어요. 열심히 돈 꺼내서 물건 값을 마련해야지요."

그러나 작돌이는 물러서지 않았다.

"안 돼요. 그 돈 다 내면 다음에는 아버지가 온종일 돈을 꺼내야 할 거예요. 그다음에는 온종일 꺼내도 안 될 거고요. 다른 방도를 찾아야 해요."

"허어, 작돌이 말을 들으면 그럴듯하기는 한데. 다른 방도가 있어야지. 키돌이 네 생각은 어떠냐?"

키돌이는 골똘히 생각하는 척하더니 입을 열었다.

“작돌이 말이 맞지만 그렇다고 다른 방도를 찾을 수도 없잖아요. 그러니까 물건을 반만 사면 어떨까요?”

“야, 우리 집 식구에다 일하는 사람까지 하면 그 정도 곡식과 채소는 있어야 해. 게다가 이번에 반을 사면 며칠 후에 또 사야 하니까 그게 그거라고.”

에헴, 이번에는 내가 정확히 말했다. 지금 사나 미루었다가 사나 마찬가지 아닌가 말이다. 역시 키돌이는 나보다 한참 떨어지는 녀석이다.

“저하고 중돌이 형하고 마차를 타고 이웃 마을에 가서 물건을 사 오면 어때요?”

작돌이가 말했다.

“이웃 마을에서는 그렇게 비싸게 팔지 않을 테니까요.”

“그거 좋은 생각이구나.”

아뿔싸, 내가 먼저 말할걸.

“그럼 지금 즉시 중돌이하고 작돌이하고 마차를 타고 이웃 마을에 가서 채소랑 곡식이랑 사 오거라. 알았지?”

“예, 아버지.”

중돌이는 돈 보따리를 짊어지고 마차에 올랐다. 작돌이도 부리나케 마차에 올랐다.

얼렁뚱땅 큰돌이 생각

모조리 사들여 비싼 값에 판다?

어, 중돌이랑 키돌이구나.
그게 그렇게 궁금하니?
그럼 내 이야기해 주마.
역시 아저씨는 내 똑똑함을 알아보셨어.
아저씨는 사실 돈보다는 지식을 더 소중히 여겼단다. 그래서 집에서 열심히 책을 읽었지.
아, 그랬더니 아저씨 아내가 돈 못 번다고 어찌나 잔소리를 하던지. 그래서 돈을 벌기로 마음을 먹었다!
공자왈 맹자왈
당장 돈 벌어와요!!
돈벌자!!
어떻게요?
에헴, 책을 많이 읽은 사람은 세상 돌아가는 이치를 금세 이해하기 때문에 마음만 먹으면 쉽게 돈을 벌 수 있단다. 다만 벌려고 하지 않는 거지. 알았니?
네.
나는 돈이 세상에서 가장 좋은 거라고 생각하지만 일단 아저씨 말을 듣기 위해서 건성으로 대답했다.
물건을 사려는 사람보다 팔려는 사람이 많으면 값이 떨어지지.
밥상값 : 10냥
반대로 물건을 팔려는 사람보다 사려는 사람이 많으면 값이 오른단다.
밥상값 : 1000냥
당연히 그렇겠지요.
얄미운 중돌이 녀석, 입만 살아 가지고!
그해에는 한가위가 무척 빨리 왔단다. 한가위, 그러니까 추석은 음력 8월 15일이지. 그래서 매년 한가위가 오는 계절이 약간씩 다르단다. 한가위가 빨리 오는 해에는 곡식과 과일이 덜 여물어서 귀하기 마련이지. 반대로 한가위가 늦게 오는 해에는 곡식과 과일이 풍성하단다.
맛있겠다…
그래서요?
어느 해보다 한가위가 빨리 온다는 사실을 일찌감치 안 나는 여러 고을을 다니면서 밤이며 대추, 과일 따위를 다 사들였단다. 이웃 홍 참판께 돈을 빌려서 엄청난 양을 샀어.

말 많은 놈!
그럼 한가위가 되었을 때 안 그래도 곡식과 과일이 여물지 않아서 귀했을 텐데, 아저씨가 다 사들였으니 사람들은 곡식과 과일을 구할 수 없었겠네요?
바로 그거란다. 중돌이 넌 정말 형과 다르구나.
탁
큰돌이 혀엉.
으이그~
맞아요! 중돌이랑 저는 달라요.
에 효효…
탁탁
어쨌든 그래서 그해에 한양에서 돈 많은 부자들이 모두 내게 와서 곡식이며 과일을 엄청 비싸게 살 수밖에 없었지.
아하, 그래서 아저씨께서 부자가 되셨군요.
그래. 그런 사업 방식을 매점매석(買占賣惜)이라고 한단다. 살 매, 차지할 점, 팔 매, 아낄 석. '모두 사들인 후 팔지 않고 아꼈다가 후에 비싼 값에 파는 것'이지.
아저씨, 그렇게 하면 돈은 많이 벌겠지만 백성들이 괴롭겠네요.
휴우~
맞단다. 매점매석은 절대 정직한 사업 방식이 아니야. 매점매석하는 사람은 많은 물건을 사들일 돈을 가지고 있어야 하니까 가난한 장사치는 할 수도 없지. 게다가 매점매석을 하면 돈 없는 백성들은 물건을 비싸게 사야 하기 때문에 몹시 괴롭지.

그런데 왜 아저씨는 그런 사업을 하셨어요?
바보 같은 녀석! 세상에 돈보다 더 중요한 게 어디 있니?
그건, 세상 사람들이 공부도 안 하고 정의로운 행동도 하지 않으면서 돈 많은 사람만 최고라고 여겼기 때문이지. 아저씨는 돈보다 더 중요한 것이 있다는 사실을 알려 주고 싶었다. 그래서 매점매석을 통해 한양의 부자들을 상대로 엄청난 돈을 번 다음, 그 돈을 가난한 백성들에게 다 나눠 주었지.
아니, 아저씨! 미쳤어요?
깜 짝
벌떡
그 좋은 돈을 다른 사람들에게 그냥 나눠 주다니
큰돌아, 넌 공부를 못하니 잘 모르겠지만 세상에는 돈보다 더 중요한 게 무척 많단다. 그러니 오늘부터라도 동생들처럼 공부도 하고 책도 읽으렴, 알았니?
이건 또 무슨 말이지? 책이 돈보다 중요하다고? 책 속에는 돈도 없고 떡도 없고, 특히 청이나 춘향이 같은 여자도 없던데….
책 속에는 글자밖에 없던데요?
헉……
윽!
꽈당
쿵
졌다…

열두 냥

배고픈 흥보네

중돌이와 작돌이를 태운 마차는 쏜살같이 집을 빠져나갔다. 하기야 해가 지기 전에 돌아오려면 빨리 서둘러야 했다.

남은 가족들은 일이 손에 잡히지 않아 집 안을 어슬렁거리면서 중돌이 일행이 돌아오기만 기다렸다.

드디어 해가 뉘엿뉘엿 지기 시작했다.

"돌아올 때가 되었는데."

부모님께서는 자꾸 문 쪽을 바라보셨다. 그때였다. 멀리서 요란한 마차 소리가 들려왔다.

"빈 수레가 요란하다던데."

어머니께서 걱정스런 표정을 지으며 말씀하셨다. 그러나 다른 사람들은 누구도 걱정하지 않았다.

잠깐 사이에 마차는 집 가까이까지 다가왔다. 우리는 두 사람이 탄 마차를 맞이하러 우르르 몰려나갔다. 앗! 그런데 이게 웬일인가? 정말 어머니 말대로 수레가 텅 비어 있었다!

"아니, 이게 웬일이니?"

아버지께서는 마차에서 내리는 중돌이를 향해 물으셨다. 중돌이는 시무룩한 표정을 지으며 힘없이 대답했다.

"아버지. 이웃 마을에도 곡식이랑 채소가 없어요. 다들 우리 마을에 팔았대요."

"아니, 그게 무슨 말이냐?"

부모님은 도저히 납득이 가지 않는다는 표정으로 물으셨다.

"그러니까…… 그게…… 우리가 물건을 열 배씩 주고 산다는 소문을 듣고 우리에게 팔려고 했대요."

"그런데?"

"그런데 물건을 팔려고 우리 집에 오는 도중에 마을 사람들이 몰려와서 다 샀대요."

"다?"

"예, 모조리 샀대요."

부모님은 낭패라는 듯 하늘을 보았다 땅을 보았다 하시며 아무 말도 하지 못하셨다.

"이제 어쩌지?"

한참 후에 아버지께서 혼잣말처럼 중얼거리셨다.

어서 동전 꾸러미를 만들어야 해!

"할 수 없어요. 마을 사람들이 달라는 대로 주고 살 수밖에요."

풀이 죽은 중돌이가 대답했다.

"그래, 그 방법밖에 없구나. 중돌아, 다시 가서 만 칠천 냥 주고 곡식을 사 오거라."

"알았어요, 아버지."

"여보, 돈은 있어요?"

"아차, 돈이 없구나. 어서 돈을 꺼내야겠다."

아버지께서는 부랴부랴 방으로 들어가셨다. 그 뒤를 중돌이와 키돌이, 그리고 어머니도 따라 들어가셨다.

얼마나 지났을까? 벌써 어둠이 내리고 동쪽 하늘에는 달이 떠오르고 있었다. 그때였다. 중돌이가 방에서 나와 소리쳤다.

"모두 들어와!"

나는 동생들을 이끌고 방으로 들어갔다. 그 순간 숨이 멎는 줄 알았다. 방 안에는 엄청난 엽전이 쌓여 있고 아버지께

서는 누워서 눈을 감고 계셨다. 키돌이와 어머니는 아버지 옆에서 연신 팔을 주무르고 있었다.

"아이고, 팔아. 내 팔이 끊어지는 것 같구려."

지친 기색이 역력한 아버지께서는 눈도 제대로 못 뜨신 채 팔을 붙잡고 얼굴을 찡그리셨다. 하기야 이 산더미처럼 쌓인 엽전을 혼자 다 꺼내셨으니 그럴 만도 했다.

"이 엽전을 꾸러미로 만들어 마차에 실어야 해. 그래야 가서 쌀이랑 사 올 수 있다고."

맞다. 그런데 이 많은 엽전을 언제 꾸러미로 꿰고 다시 마차에 싣는담.

그러나 다른 방법이 없었다.

"자, 모두들 시작하자."

중돌이가 입을 열자 온 가족은 누가 먼저랄 것도 없이 꾸러미를 만들기 시작했다.

그런데 아무리 만들어도 끝이 보이지 않았다. 엽전 열 개를 모아 한 꾸러미를 만들고, 열 꾸러미를 모아 한 자루를 만들면 백 냥이 되었다. 그런데 만 칠천 냥이면? 그런 자루를 백칠십 개나 만들어야 했다.

밖은 벌써 캄캄했다. 그동안 우리가 먹은 거라고는 맞순 아줌마랑 가락이가 들고 온 국수가 전부였다. 채소도 없고 곡식도 없으니 먹을거리라곤 국수밖에 없었다.

"배고파, 엄마."

꼬돌이 녀석이 보채기 시작했다.

"좀 참으렴. 내일이면 맛있는 음식 먹을 수 있으니까. 지금은 밤이 늦어서 어쩔 수 없어."

하긴 나도 배가 무척 고팠다. 매일 배 터지게 먹다가 갑자기 굶으니 배가 더욱 고팠다.

그러나 어쩌랴. 이 일을 빨리 끝내고 내일 쌀이랑 곡식 사다가 밥을 해 먹는 도리밖에.

마차에 돈 싣는 일은 밤이 늦어서야 끝났다.

"야, 다했다."

모두들 힘겨운 표정을 지으며 일어났다.

"그럼 오늘은 푹 자거라. 내일 아침 일찍 중돌이는 허 생원 댁에 가서 곡식을 사 오거라, 알았지?"

"예."

그날 밤 우리는 고픈 배를 움켜쥐고 잘 수밖에 없었다. 이 마을에서 가장 부자인 우리가 배가 고플 줄은 꿈에도 몰랐다.

이런 일도 일어나는구나. 나는 똑똑한 사람도 모르는 일이 일어난다는 사실을 깨달았다. 그렇지만 그런 사실을 깨닫는 걸 보면 역시 나는 정말 똑똑하다.

이튿날, 동이 트기가 무섭게 중돌이는 마차에 엽전을 가득 싣고 허 생원 댁으로 향했다. 그리고 가까스로 곡식을 사 왔다.

그런데 가지고 온 곡식이 가져간 돈보다 양이 적었다.

"애개! 어찌 곡식이 이것밖에 안 된단 말이냐?"

부모님은 어이가 없다는 듯이 말씀하셨다. 그러나 어쩔 수 없는 노릇이었다.

"자, 이 쌀 갖다 부엌에 주어라. 어서 밥해 먹자."

그날 우리는 오랜만에 맛있는 쌀밥을 해 먹었다. 일하는 사람들도 마찬가지였다. 여기저기서 밥이 이렇게 맛있는 줄 몰랐다며 좋아했다.

그런데 중돌이는 밥을 먹는 내내 시무룩했다.

"왜 그래, 중돌아?"

형인 나는 중돌이를 돌봐 줄 의무가 있다. 그래서 중돌이 곁으로 가서 물었다.

"응, 아무것도 아냐."

그러나 똑똑한 내가 그 정도에 속아 넘어가겠는가.

"말해 봐. 걱정거리가 있지?"

그러자 중돌이가 겨우 입을 열었다.

"이제부터 쌀 사려면 아버지께서 온종일 돈을 꺼내셔야 할 것 같아. 마을 사람들이 곡식 가격을 내리지는 않을 테니까."

"할 수 없지. 그래도 아버지께서 돈을 꺼내시면 되니까 다행이다. 꺼낼 돈이 없으면 정말 큰일이지."

그때였다. 작돌이가 다가와서는 입을 열었다.

"중돌이 형, 우리도 논과 밭을 사서 농사를 지으면 어떨까. 그럼 다른 사람에게 곡식이나 채소를 살 필요가 없잖아."

그렇다. 작돌이 말이 맞았다. 그런데 왜 이런 생각이 똑똑한 내게는 안 떠오르지? 아하, 내가 중돌이 걱정하느라고 잠깐 생각을 멈춰서 그랬구나. 어쩐지.

"작돌아, 나도 벌써부터 그 생각을 하고 있었단다. 그런데 네가 먼저 말을 해서 기쁘구나. 중돌아, 내 생각대로 오늘이라도 논이랑 밭이랑 사자꾸나. 돈은 얼마든지 있으니까."

"근데 큰돌이 형, 이건 내 생각인데 왜 형 생각이라고 해?"

작돌이 녀석이 갑자기 소리쳤다.

"야, 내가 먼저 생각했다고 했잖아. 내가 생각은 먼저 했지만 말을 안 하고 있었단 말이야. 그러니까 내 생각이지."

"그게 말이 돼?"

작돌이는 나를 향해 쏘아붙이더니 휑하니 가 버렸다.

"중돌아, 어린 녀석 말에 신경 쓰지 마라. 여하튼 논과 밭을 사서 사람들에게 농사짓게 하면 모든 걱정이 사라질 거다."

나는 오랜만에 나 자신에게 뿌듯함을 느꼈다. 그리고 생각했다.

'우리는 돈이 많으니, 아니 많은 게 아니라 무한히 있으니 이 마을 땅을 모두 살 수 있다. 아니 이 나라 땅을 모두 살 수 있을 것이다. 그렇다면? 두고 봐라. 이제까지 우리에게 곡식 안 팔겠다고 한 마을 사람들 모두 굶게 만들 테다, 하하하!'

열세 냥

청천벽력

작돌이가 가 버릴 때만 해도 나는 내게 이런 일이 벌어지리라고는 상상도 못 했다. 내가 내 자신의 똑똑함에 푹 빠져 있을 시간, 중돌이는 부모님께 가서 논과 밭을 사는 문제를 논의하기 시작했다.

"아버지, 아무래도 우리도 논과 밭을 사야겠어요. 곡식과 채소를 구하는 일이 지금도 어려운데 갈수록 더 힘들어질 건 분명하잖아요."

어머니께서 한숨을 쉬시며 말씀하셨다.

"그러게 말이다. 힘이 들더라도 농사를 직접 지어야겠다고 나도 생각하고 있었다."

"누가 논밭을 사는 일을 맡으면 좋겠니?"

아버지께서 말씀하셨다.

"저는 너무 어려서 힘들 것 같아요. 그렇다고 아버지께서 나서도 안 좋을 듯해요. 우리 집에 돈이 많다고 소문이 나서……."

"네 말이 맞다. 쌀값을 그렇게 비싸게 받는 사람들이 논밭을 쉽게 팔겠니?"

"그럼 어떻게 해요?"

어머니께서 걱정스러운 얼굴로 말씀하셨다.

"심학규 어른께 부탁하면 어떨까요? 그분이 농사짓기 위해 땅을 조금 사겠다고 나서면 누구도 의심하지 않을 테니까요."

"그렇구나. 눈 뜬 지 얼마 되지 않았으니 농사짓겠다고 하는 것도 당연하고."

"그럼 쇠뿔도 단김에 빼랬다고 했으니, 지금 당장 청이 아버지를 모셔 오거라."

"알았어요, 당장 갔다 올게요."

중돌이 녀석이 부리나케 청이 집으로 향했다.

물론 나는 아무것도 몰랐다. 왜? 내가 그 자리에 없었으니까. 만일 내가 그 자리에 있었으면 당연히 내가 갔을 것이다.

얼마 후 중돌이 녀석이 청이 아버지를 모시고 집 안으로 들어오는 모습이 눈에 띄었다. 그제야 나는 그 사실을 알게 되었다.

두 사람은 급히 안방으로 향했다. 나는 두 사람 뒤를 슬며시 따라갔다. 그러곤 닫힌 안방 문밖에서 방 안 이야기를 엿듣기 시작했다.

"학규 어른, 부탁이 있어서 모셨습니다."

아버지께서 청이 아버지를 이토록 공손하게 대한 건 우리가 박을 타기 전에만 있던 일이었다. 물론 나는 그 후에도 공손했지만.

갑자기 끌려온 청이 아버지께서는 어안이 벙벙하신 모양이었다.

"아니, 내게 무슨 부탁이 있으신지……."

"여보, 가서 수정과라도 내오구려. 어른께서 목이 마르시잖소."

쳇, 옆집에서 오셨는데 뭐가 그리 목이 마를까. 게다가 청이 아버지도 목마르다는 말은 한마디도 하지 않으셨는데.

"예."

그런데도 어머니는 일어나 부엌으로 나가셨다.

"다름이 아니라 우리가 농사를 좀 지으려고요."

"아하! 그러시구나. 좋은 생각이십니다. 그럼 내가 농사짓는 걸 도와드리면 되나요?"

"아니, 그게 아니고……."

"그럼? 내가 할 수 있는 건 농사짓는 것밖에 없는데."

"아닙니다. 어른께서 도와주셔야 우리가 농사를 지을 수 있습니다."

"예?"

"그러니까 저희 대신 어른께서 논밭을 좀 사 주시면 어떨까 해서요."

"아니, 내가 무슨 돈이 있다고 논과 밭을 사지요?"

"아, 그게 아니라 돈은 저희가 드릴 테니, 어른께서 땅을 사는 것처럼 하시면 어떨까 해서요."

청이 아버지께서는 잠깐 생각에 잠기신 듯했다. 그리고 생각이 났다는 듯 무릎을 탁 치셨다.

"아, 그러니까 흥보네가 땅을 산다고 하면 소문이 나서 땅값이 오를 테니 대신 내가 사라 이 말씀이죠?"

"그렇습니다. 그렇게만 해 주시면 대가는 톡톡히 드리겠습니다."

아버지와 중돌이는 이제 됐다는 표정으로 얼굴에 웃음을 지었다.

"대가는 무슨. 그런 건 필요 없습니다. 흥보 어른이 하는 일을 내가 돕는 건 당연하지요. 그런데……."

"그런데?"

"그런데 우리 청이가 자네에게 호감이 있는 듯해서 말이네……."

엇! 이게 무슨 소리지? 얼마나 놀랐는지 마루를 짚고 있던 내 왼손이 갑자기 꺾이는 듯했다. 방 안은 고요했다.

"그러니까 중돌이 네 생각은 어떠냐 이 말이다. 에헴……."

아니, 청이가 중돌이를 마음에 두고 있다고? 이런 말도 안 되는 일이. 이건 분명 청이 생각이 아니라 심학규 어른 생각이다. 이분이 글쎄 이렇다니까. 자기 이익을 챙기기 위해 돈을 지불하는 중돌이에게 잘 보이려고 청이를 들먹이다니. 여하튼, 청이 아버지께서는 너무 이기적이시다.

"아, 예. 저도 청이를 싫어하지는 않습니다."

"어, 그래? 그럼 잘됐구나."

청이 아버지께서 갑자기 신이 나서 말씀하셨다.

"그런데……."

"그런데? 청이가 널 좋아하고 너도 청이를 좋아하면 된 것 아니냐?"

"그렇지만 저는 아직 혼인을 할 수가 없습니다, 어르신."

"응? 왜 안 된단 말이냐?"

청이 아버지께서 애타게 소리를 치자 아버지께서 나섰다.

"어험, 그게…… 어…… 저희 집에는 아직 큰아들이 혼인 전이라서…… 둘째인 중돌이는 큰아들 큰돌이가 혼인한 뒤에나…… 어…… 그러니까 먼저 큰돌이를 보내고 그다음에 중돌이를 보내야 할 것 같아서요, 어른."

음, 아버지께서 이제야 정신을 차리셨군. 그렇지, 내가 먼저 혼인을 해야지. 그런데 누구랑 하지? 청이랑 해야 하는데, 왜 그 말씀은 안 하시지?

"아하, 그렇군요. 맞습니다. 큰아들이 먼저 가는 게 옳지요. 제가 너무 서둘렀습니다그려. 큰돌이가 먼저 가야지. 암, 그래야지. 그런데 큰돌이에게 색시는 있나요? 서로 좋아하거나, 뭐 그런 사람."

그러자 아버지께서 한숨을 푹 내쉬셨다.

"그러니까 그게 문제랍니다. 큰돌이에게 시집오겠다는 색시가 아직 나타나질 않아서……."

이건 또 무슨 말이지? 내게 시집오겠다는 색시가 없다고? 청이도 있고, 춘향이도 있는데. 아, 가락이도 있구나. 그런데 색시가 없다니! 아버지께서 아무래도 건강이 안 좋으신 듯하다. 하기야 몇 년을 굶다가 배가 터지도록 먹어 대니 누군들 건강이 좋겠는가. 그러니 내가 이해해야지.

그때였다. 너무 긴장했나? 갑자기 몸이 오른쪽으로 기우뚱하더니 그만 귀를 바싹 대고 있던 안방 문 쪽으로 넘어지고 말았다.

"찌직쿵당!"

이건 안방 문 창호지가 찢어지면서 창살이 부러지는 소리다. 그러면서 나도 모르게 얼굴이 방 안으로 파고들었다.

정신이 아뜩해진 내가 정신을 차렸을 때는 방 안이 온통 난리였다.

"애 얼굴이 찢어졌나 봐요."

"아냐, 긁힌 것뿐이야."

"형, 눈 좀 떠 봐."

이건 분명 중돌이 녀석 목소리다. 얄미운 녀석. 속으론 잘생긴 형이 얼굴을 다쳤으니 신 났을 거다. 나는 모른 척 감은 눈을 더 세게 감았다.

"어서 가서 의원님 좀 불러오거라."

아버지 목소리가 분명했다.

"걱정 마세요, 흥보 어른. 예전에 눈 안 보일 때 하도 넘어지고 부딪쳐서 이런 상처 치료하는 데는 이골이 났습니다그려."

그러더니 청이 아버지께서 큰 소리로 외쳤다.

"어서 가서 쑥 좀 캐 오거라. 쑥 찧어서 거기에 된장 묻혀 바르면 즉효거든."

청이 아버지 말씀이 끝나자마자 자루 아저씨 밑에서 일하는 콩남이

녀석이 부랴부랴 뛰쳐나갔다.

결국 나는 얼굴에 쑥과 된장을 섞어 만든 덩어리를 붙인 채 일어나야 했다.

"다행이다, 큰돌아. 어쩌자고 거기 있다가 넘어졌단 말이냐."

"큰일 날 뻔했네, 큰돌이. 내가 아니었으면 자네 영락없이 의원 신세 질 뻔했어, 아암."

'다 청이 아버지 때문이거든요!'

이렇게 대들고 싶었지만 참았다.

그나저나 잘생긴 얼굴에 상처가 남으면 어떡하지? 그러나 그보다 더 급한 건 청이를 만나는 일인데. 이렇게 다쳤으니 며칠 동안은 바깥나들이도 할 수 없고. 이거야말로 큰일이다.

내 치료가 끝나자 청이 아버지께서는 자리에서 일어나셨다.

"그럼 나는 가 보겠네그려. 흥보 어른이 이야기한 대로 논밭 문제는 내 알아봄세. 걱정 말게나. 에헴."

"그럼 학규 어른, 살펴 가십시오."

그렇게 그날은 지나갔다. 그러나 그날은 내게 영원히 잊히지 않는 날이 되었다 휴…… 그토록 오래 꾸어 온 꿈에 금이 가기 시작한 날이니까.

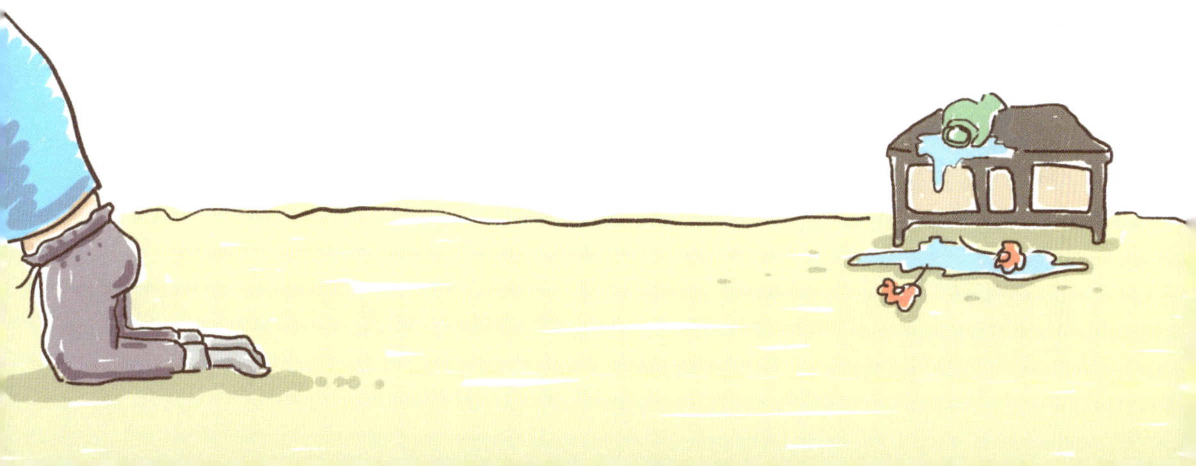

얼렁뚱땅 큰돌이 생각

물건 값이 오르니까 돈 가치가 떨어져?

지금 우리 마을 사람들이 땅을 안 파는 까닭도 여기에 있어. 물건 값이 계속 오르니까 땅을 안 파는 거야. 예전에는 물건 값이 오르지 않으니까 너도나도 땅을 팔려고 했지. 그렇지만 지금은 하루만 자고 나면 쌀값도 오르고 보릿값도 올라. 배춧값도 오르고 밥상값도 오르지. 그러니 누가 돈을 갖고 있으려고 하겠어? 다들 물건을 갖고 있으려고 하지.
??????? ????????
이제 알겠어?
나도 안다, 알아. 그 정도 가지고.
정말이지 마음에 안 들어. 세상에서 가장 똑똑한 축에 속하는 형을 가르치려 들다니.
그런데 형, 혹시 '인플레이션' 이라는 말은 알아?
뭐? 인풀… 루… 뭐라고?
인플레이션!
예전에 아버지께서 용…지… 뭐라고 하셨을 때 이해가 안 갔는데, 내가 그런 상황이 되니까 이해가 되는군.
인플… 그… 뭐, 그런 걸 모르는 사람이 어디 있니? 근데 너 동생 녀석이 형을 시험하는 거야?
쳇, 모르면 모른다고 말해.
야, 내가 서당을 얼마나 다녔는데 그런 걸 모르겠니? 너 한번 이야기해 봐. 아는지 확인해 봐야지.
인플레이션은 엽전 양이 늘어나면서 물건 값이 계속 오르는 현상을 말하는 서양 말이야. 요즘 청나라에서 배우고 온 친구들은 다 알아. 인플레이션이 발생하면 물건 값이 계속 올라. 그럼 당연히 돈 가치는 떨어지지. 요즘 우리 마을이 그렇잖아. 알았어, 형?
물가
총수요
총공급
물가상승
인플레이션 발생 가격 상승
0
소득
통화량 증가로 인한 소득 증대
정말 알겠어?
하하! 너 정확히 알고 있구나. 장하다, 내 아우야! 하하하!
어서 여길 떠나야지. 더 이상 있다가는 설사가 나올지도 몰라.
중돌아, 나 간다!
그나저나 어디로 가지? 청이네 집에나 가 볼까.

열네 냥

설상가상

며칠 후 청이 아버지께서 바쁜 걸음으로 들어오셨다.

"안녕하세요, 아버님?"

나는 공손히 인사를 드렸다. 그러나 청이 아버지께서는 나를 본체만 체하고는 대청으로 직행하셨다.

"홍보 어른, 홍보 어른."

가쁜 숨을 몰아쉬며 청이 아버지가 부르자, 아버지께서 부랴부랴 나오셨다.

"학규 어른, 웬일이십니까?"

아버지와 뒤이어 어머니까지 나오시자 청이 아버지께서는 자리에 철퍼덕 앉더니 입을 여셨다.

"아, 큰일이네그려."

"큰일이라니요?"

아버지께서는 깜짝 놀란 표정으로 되물으셨다.

"아, 글쎄. 누구 하나 땅을 팔겠다는 사람이 없어요."

"예? 땅을 팔겠다는 사람이 없다고요?"

"그렇다니까. 얼마 전까지만 해도 농사 못 짓겠다고 아우성치던 사람들이 이젠 저렇게 큰소리를 치다니! 참 어이가 없어서."

청이 아버지께서는 정말 어이가 없다는 표정을 지으시며 한숨까지 쉬셨다.

그때 중돌이 녀석이 건넌방에서 걸어 나왔다. 중돌이 녀석만 나온 게 아니라 키돌이, 작돌이까지 줄줄이 나왔다.

"아저씨, 사람들이 땅을 안 판대요?"

이제껏 게임만 한 게 분명한 중돌이 녀석이 시치미를 뚝 떼고 청이 아버지께 물었다.

"그렇단다, 중돌아. 이 일을 어쩌면 좋으냐?"

"왜 안 판대요?"

"아, 그게 말이다. 요즘은 곡식이나 채소를 비싸게 팔 수 있기 때문에 땅이 많으면 많을수록 좋다는 거야. 그런데 왜 있는 땅을 파느냐고 하는구나."

아하! 그렇다. 우리가 곡식과 채소 따위를 비싸게 사 주니까 이 사람들이 신이 난 거다.

그런데 중돌이랑 어른들은 이런 사실을 모르다니! 역시 나는 천재다.

그렇다면 천재로서 모르는 사람들을 가르쳐 주는 것은 당연했다.

"아버지. 우리가 곡식과 채소를 비싸게 사기 때문에 사람들이 배짱을 부리는 거예요. 그러니까 앞으로는 곡식과 채소를 사지 말아요. 그럼 사람들이 곡식과 채소를 팔 수 없으니 당연히 땅을 팔려고 할 거예요."

나는 큰 소리로 설명했다. 이쯤 되면 그 누구도 나를 인정할 수밖에 없겠지. 청이 아버지께서는 내가 얼마나 똑똑한지 알게 되어 마음이 바뀌실 테고.

나는 본디 겸손한 사람이지만 지금은 약간 우쭐할 수밖에. 그래서 어깨에 힘을 준 채 모든 사람을 둘러보았다.

그런데…… 뭔가 이상했다. 왜 사람들 표정이 저렇지?

잠시 후 아버지께서 입을 여셨다.

"큰돌아, 너 할 일 없니? 할 일 없으면 네 방에 가서 책이라도 좀 읽어라. 응?"

나는 내 귀를 의심했다. 지금, 나 말고 누가 이 문제를 해결할 수 있다고. 그런데 아버지께서 나더러 나가라니! 역시 아버지께서는 예나 이제나 사람을 못 알아보신다.

"어서! 가라는 말 안 들리니?"

어이쿠, 깜짝이야. 아버지께서는 왜 나만 가지고 그러시는지 도무지 모르겠다.

그렇지만 어쩌랴, 나가야지. 나는 입을 댓 발 내밀고 밖으로 나올 수밖에 없었다.

"아무래도 그럴 것 같더라고요. 농사지어서 버는 돈이 예전과는 비교도 할 수 없을 만큼 많잖아요. 그러니 저라도 땅을 안 팔 거예요."

중돌이 말을 들으신 청이 아버지께서는 아무 말씀도 하지 않고 고개만 끄덕이셨다.

"그러니 어쩌면 좋으냐? 중돌아."

아버지께서는 낙담한 표정을 지으시며 물으셨다.

"홍보 어른, 나만 해도 예전에는 하루에 한 냥 벌기가 빠듯했어요. 그런데 요즘에는 하루에 백 냥을 벌 수 있으니……."

"그렇군요. 학규 어른."

그때였다.

"아저씨, 그럼 아저씨는 옛날보다 요새 백 배 더 잘사세요?"

작돌이가 당돌하게도 청이 아버지께 질문을 던졌다.

"그렇잖아요. 예전에 한 냥 벌었는데 요즘 백 냥 벌면 백 배 더 부자가 된 셈이잖아요. 그러니까 그만큼 더 잘살아야죠. 안 그래요?"

작돌이가 질문을 던지자 모두들 작돌이 얼굴을 바라보았다.

"그러네요. 정말 아저씨는 백 배 더 잘사세요?"

중돌이가 미처 생각하지 못했다는 듯 물었다.

"글쎄다……."

청이 아버지께서도 생각해 본 적이 없는 듯하셨다.

"예전에 비해 백 배 더 잘살게 되었냐고? 음, 생각해 보니 전혀 그렇지 않구나. 백 배는커녕 열 배도 잘살게 되지 않았는걸."

물고기 한마리에 '한 냥' 받을때
꽃신 한 켤레에 얼마요?
닷냥 입니다요~
물고기 한마리에 '백 냥' 받을때
꽃신 한 켤레에 얼마요?
이천냥만 내쇼!
돈은 예전보다 많이 버는데, 어째서 살기는 더 힘들꼬?

"그래요?"

작돌이가 되물었다.

"그래. 네 말대로 백 배 잘살아야 할 텐데, 전혀 그렇지 않단 말이야. 예전에 한 냥 하던 바가지 하나에 요즘은 백 냥이야. 그것뿐인 줄 아니? 스무 냥이면 살 수 있던 개다리소반 하나에 지금은 이천 냥을 주고도 구하기 힘들단다. 휴, 지난번에는 청이 신발 한 켤레를 사려고 장엘 갔는데, 꽃신 한 켤레에 이천 냥을 달라는 거야. 한 해 전만 해도 한 켤레에 다섯 냥밖에 안 했는데."

"아니, 그럼 사백 배가 되었다고요?"

잠자코 있던 키돌이가 깜짝 놀란 표정을 지으며 물었다.

"그렇구나. 나도 미처 생각하지 못했네."

"그럼 예전보다 오히려 살기가 힘든 셈이네요, 아저씨?"

중돌이가 묻자 청이 아버지께서는 고개를 갸우뚱하시며 대답하셨다.

"그런가? 그런데 왜 나는 그런 생각을 못했을까?"

아저씨 말씀에 모두들 곰곰이 생각하기 시작했다.

"알았다."

키돌이가 손뼉을 치며 말했다.

"그러니까 처음에는 물고깃값을 많이 받으셨잖아요. 그 돈으로 장에 가서 물건을 사면 예전보다 많은 물건을 살 수 있었죠. 그런데 우리 마을 사람들이 모두 돈을 많이 받았으니까 모두들 장에 가서 물건들을 샀을 테고, 처음에는 마을 사람들 모두가 부자가 된 느낌이었겠죠."

"그랬지."

청이 아버지께서 열심히 귀를 기울이시더니 고개를 끄덕이셨다.

"마을 사람들이 물건을 많이 사니까 이웃 마을 사람들도 온갖 물건을 가지고 우리 마을 사람들에게 팔려고 왔지요."

"그랬지."

"그런데 시간이 흐르면서 이웃 마을 사람들도 부자가 되었어요. 물건을 비싸게 팔 수 있었으니까요."

"옳거니."

"그리고 이제는 우리 마을 사람들뿐 아니라 이웃 마을 사람들, 그 이웃 마을 사람들, 또 그 이웃 마을 사람들 모두 부자가 된 거예요."

"그렇겠지."

"그러니까 이제는 누구도 예전처럼 값싸게 물건을 팔지 않지요."

"그렇구나."

"결국 모두들 돈을 엄청 갖게 되었어요."

"그렇지."

"그런데 물건은 어떤가요?"

"물건?"

키돌이가 묻자 모두들 숨을 죽였다. 얼마 후 중돌이가 말했다.

"맞아. 키돌이, 네 말이 맞아. 돈은 엄청 많아졌는데 물건은 늘지 않았지. 땅이 열 배로 늘어난 것도 아니고 신발 만드는 사람이 늘어난 것도 아니야. 또 나무도 자라려면 몇 년이 걸리니까 갑자기 개다리소반을 하루에 백 개씩 만들 수도 없고."

중돌이가 말을 하자 아버지도 한마디 거드셨다.

"음, 쌀도 늘지 않고 보리도 늘지 않았어. 다만 값이 올랐을 뿐이구나."

"그렇다니까요."

키돌이는 의기양양한 표정을 지었다.

"그러니까 아무도 땅을 팔지 않을 거예요. 만일 땅을 파는 사람이 있다면 그 사람은 분명 바보예요."

"그래도 한 번에 큰돈을 벌 수 있으니 좋을 텐데."

청이 아버지께서 말씀하셨다.

"그래, 땅값은 달라는 대로 다 줄 수 있으니 말이야."

작돌이도 한마디 거들었다.

"어이구, 이런 바보 같으니."

키돌이가 작돌이 머리를 쥐어박았다.

"야, 우리가 만일 논 한 마지기에 십만 냥을 주고 산다고 해 봐라."

"그럼?…… 좋지. 지금은 논 한 마지기에서 쌀 다섯 가마가 나오니까 일 년에 오천 냥을 벌 수 있잖아. 그런데 갑자기 십만 냥이 생기니까 얼마나 좋아?"

작돌이가 순식간에 계산을 했다.

그러나 키돌이는 한심하다는 듯 째려보면서 모인 사람들을 향해 말했다.

"아버지도 그렇게 생각하세요? 아저씨랑 형도요?"

키돌이의 기세에 모두들 아무 말도 못하고 키돌이만 바라보았다.

"작년만 해도 논 한 마지기에 오백 냥밖에 안 했잖아요. 그런데 이젠 십만 냥이나 받을 수 있어요. 그럼 사람들은 내년에는 더 많이 받을 수 있을 거라고 생각할 거예요. 그뿐이 아니에요. 십만 냥을 받은 사람은 갑자기 엄청난 돈을 갖게 되었으니 집을 짓든지 물건을 살 거예요."

"그럼 물건 값이 더 비싸지겠구나."

중돌이가 말했다.

"형, 그뿐이 아니야. 물건을 판 사람은 또 많은 돈을 갖게 되고, 그래서 그 사람이 다른 물건을 사면 그 물건 값이 또 오르게 될 게 분명해."

"그러니 우리가 무얼 사면 살수록 물건 값이 오르겠구나."

아버지께서 혼잣말처럼 중얼거리셨다.

"맞아요, 아버지. 이제 아셨지요? 우리가 물건을 사면 살수록 물건 값만 오를 뿐 모두들 부자가 되는 건 아니에요."

"허, 참. 이런 일이……."

청이 아버지께서도 그제야 모든 것이 이해가 되었다는 듯 혀를 끌끌 차셨다.

"그럼 어떻게 해야 한단 말이냐?"

아버지께서 울상이 되어 말씀하셨다.

"저도 잘 모르겠어요. 처음 겪는 일이니까요."

맞다. 지금까지 우리는 돈이 있으면 무조건 부자가 된다고 생각했지, 돈이 너무 많으면 물건만 비싸질 뿐 더 부자가 되지 않는다는 건 상상

도 못 했다.

"이 일을 어쩐담?"

아버지께서 한숨 섞인 목소리로 말씀하셨다.

청이 아버지께서는 아무 말씀도 하지 않으셨고, 중돌이와 키돌이, 작돌이도 조용했다.

내가 그 자리에 있었더라도 아무 말도 못했을 것이다. 나 같은 천재에게도 뾰족한 수가 안 보이는데, 다른 사람이야 두말할 나위가 없었을 테지.

얼마나 시간이 흘렀을까? 중돌이가 입을 열었다.

"이 문제는 저희가 풀 수 없을 것 같아요. 아버지, 홍 참판 어른과 장승상 어른을 모시고 상의를 하는 게 어때요? 그분들은 우리보다 공부도 더 많이 하셨고 다른 나라에도 갔다 오셨으니까요."

"맞다. 그분들은 우리가 모르는 많은 걸 알고 계실 테니까 그렇게 하는 게 좋을 듯싶구나."

청이 아버지께서 말씀하셨다. 아버지께서도 그 말씀에 맞장구를 치셨다.

"내일 당장 그분들을 만나 상의해 보자꾸나. 학규 어른도 그 자리에 참석해 주세요. 괜찮으시죠?"

"괜찮다마다요. 그나저나 큰돌이 혼처는 좀 알아보셨나요?"

"어, 아직요. 혹시 어른께 좋은 방도라도 있으신가요? 일이 이렇게 된 이상 중돌이도 하루빨리 혼인을 시켜야겠어요. 그래야 집안을 책임지고 맡아 이끌어 갈 테니까요."

"그렇지요. 흥보 어른 댁은 지금부터가 중요해요."

"맞아요, 아버지. 지금까지는 주먹구구로 살림을 해도 괜찮았어요. 그런데 이제는 여러모로 생각해서 집안 살림을 꾸려 나가야 할 것 같아요. 저랑 형도 따로 독립하는 게 좋을 것 같기도 하고요."

"그래. 한시바삐 네 형 혼삿길을 알아보자꾸나. 학규 어른께서도 좋은 색시 있으면 소개 좀 해 주세요. 큰돌이랑 중돌이 혼인을 함께 치르는 게 좋을 테니까요."

"알았소, 흥보 어른. 그럼 나는 이만 가겠소이다. 중돌아, 내일 보자."

"예, 조심히 건너가세요."

그날 그 자리에서 이런 이야기가 오간 걸 나는 까맣게 몰랐다. 정말 이럴 수는 없다! 이런 이야기를 작돌이 녀석 입을 통해 듣게 될 줄은 꿈에도 몰랐다.

그런데 나는 누구에게 장가를 가는 거지? 청인가?

아버지께서 내 혼삿길을 부탁한 분이 청이 아버지니까 말이다. 청이 아버지께서 청이만 설득하면 나는 청이와 혼인하는 것 아닌가?

그런데…… 왜 이렇게 마음이 꺼림칙하지?

열다섯 냥

마을이 들썩들썩

이튿날 홍 참판 댁 대청에는 마을에서 책깨나 읽었다는 어른들이 모두 모였다. 그 가운데 가장 책 안 읽은 사람이 아버지셨다. 아, 청이 아버지도 마찬가지일 것이다. 하기야 눈 뜨신 지 얼마 안 된 청이 아버지와 비교할 건 아니지만 말이다. 어쨌든 그날 그곳에 정말 놀라운 분이 나타나셨다. 나는 그 자리에 참석하지 않았기 때문에 나중에 들은 이야기인데, 그분이 나타나자 아버지께서 쥐구멍을 찾느라고 정신이 없으셨다고 한다.

"아, 아니…… 형……형님이…… 이곳까지…… 웬……일이십……니……까요?"

"왜 내가 오면 안 되는 자리인가?"

박놀보, 우리 큰아버지였다.

"아니, 그럴 리가 있습니까?"

아버지께서는 가까스로 정신을 차리고 인사를 하셨다. 이 모습을 본 마을 사람들은 어안이 벙벙해졌다.

"도대체 저 사람이 누구기에 돈 많은 흥보가 저리도 안절부절못하는 거지?"

"그러게나 말일세. 빚쟁이라도 되나."

"빚쟁이라면 무서울 게 없지. 까짓것 갚아 버리면 그만일 텐데."

사실 이 마을 사람들은 우리 큰아버지를 잘 모르는 게 당연했다. 왜냐하면 박씨 집안, 즉 우리 아버지와 큰아버지 집안은 본디 이 마을에 살지 않았기 때문이다.

박씨 집안은 이곳에서 한참 떨어진 청석골에 살았다. 청석골에서는 모르는 사람이 없을 만큼 유명한 집안이다. 물론 벼슬도 없고 배운 것도 별로 없지만 아버지의 아버지, 할아버지의 할아버지 대부터 대대로 부유했기 때문이다. 박씨 집안이 가진 땅이 얼마나 넓은지 사람들은 늘 부러워했다.

"박씨 집안 땅 안 밟고는 이 마을을 지나갈 수 없다니까."

"아, 누가 아니래? 그러니 박씨 집안에 밉보이면 큰일 난다고."

그런데 할아버지께서 돌아가신 지 얼마 되지 않아, 우리 아버지 박흥보 씨는 형님 박놀보 씨에게 쫓겨나고 말았다.

십여 년 전……
흥보야.
예, 형님.
너도 알다시피 나는 자식이 없지 않느냐?
예
그런데 너는 자식이 일곱이나 되지 않느냐?
예
그러니 내가 죽으면 우리 집 재산은 모두 네 차지가 된단 말이다.
예
한데 우린 배우지 못하고 오직 농사만 지으며 살아왔지.
예
그렇지만 먼 나라까지 다녀온 여러 어른들 이야기를 들어 보면 앞으로는 공부하지 않고는 살기 힘든 시대가 온다더라.
예
그러니 네 아이들은 열심히 공부를 시키도록 해라. 서당 다닐 돈은 걱정 말고. 알겠느냐?
예
서당
그래서 어릴 때부터 나랑 중돌이, 키돌이는 서당을 다녔다.
그런데 이 서당이란 곳이 문제였다. 가르치는 것이 늘 똑같았다.
큰돌아, 오늘은 뭘 배웠니?
어, 오늘은 글 짓는 법을 배웠어요.
그래, 그럼 글 한번 지어 보거라.
근데 저는 잘 못 짓는데….
그래? 그럼 누가 지어 볼래?
깜짝
제가 지어 볼게요.
혀엉…

폭발하고 말았다!

그때 내 나이 여덟 살, 중돌이 다섯 살, 키돌이 네 살이었다. 그러니 다들 내 앞에서는 꼼짝 못했다. 그날부터 중돌이와 키돌이는 내 말에 복종했다. 혹시라도 큰아버지 앞에서 글을 지었다가는 나중에 내게 혼찌검을 당해야 했다. 동생을 잘 키우는 것도 형이 할 일이니, 나는 어쩔 수 없이 동생들을 때렸다. 이건 사랑의 매다!

아니, 아무도 배운 걸 모른단 말이냐?
…….
우리는 약속이나 한 듯이 큰아버지 앞에서 꿀 먹은 벙어리가 되었다. 하루, 이틀, 한 달, 세 달. 이런 일이 계속되자 어느 날 드디어….
야, 흥부야!
예, 형님.
네 아이들 공부는 잘되어 가느냐?
예, 매일 열심히 서당엘 갔다 옵니다.
그런데 어찌 된 게 배운 걸 아무도 말하지 못하느냐?
저도 잘 모르겠습니다.
네가 모르면 누가 아느냐? 아이들 배운 게 뭔지 궁금하지도 않느냐?
저는 배운 적이 없어서 궁금하지 않습니다. 형님은 궁금하십니까?
어허, 이런 바보 같은 녀석이 있나? 우리는 배우지 못했으니 아이들이라도 가르쳐야 한다고 하지 않았느냐?
예, 그래야지요.
그런데 뭘 배웠는지 궁금하지도 않다고?
글쎄요. 저는 썩 궁금하지 않은데요.
이런 녀석을 봤나. 답답하다, 답답해. 너 앞으로 한 달 안에 아이들 교육 제대로 시켜라. 만일 한 달 후에도 아이들이 배운 걸 말하지 못하면 너희 가족 모두를 내쫓고 말겠다. 알겠느냐?
예.

일곱 명이나 되는 자식들이 하나같이 바보처럼 크면 우리 집안이 뭐가 되겠느냐? 제발 신경 좀 써라, 매일 술만 마시지 말고!
예
사실 큰아버지께서는 별로 화를 내신 적이 없을 만큼 인자한 분이다. 그런데 그날은 정말 화를 많이 내셨다.
그러나 그 뒤에도 서당에서는 글 짓는 일만 가르쳤다. 그러니 한 달이 지났다고 달라질 건 없었다.
ZZ
뭔가 색다른 것, 이를테면 춤추고 노래하는 것이라든가, 마을 아이들과 싸워서 이기는 방법, 게임 잘하는 법 등을 가르쳐 줬으면 좋았을 텐데.
큰아버지, 오늘은 아이들과 싸워 이기는 방법을 배웠어요. 우선 한 걸음 오른쪽 옆으로 다가선 다음 왼쪽 주먹으로 상대방 코를 힘껏 때려요. 그럼 코피가 나지요. 그때 정강이를 발로 차면 무릎을 꿇고 넘어져요. 이쯤 되면 상대방 녀석은 겁이 나서 울고 말지요. 그럼 제가 이긴 거예요. 정말 좋은 걸 배웠지요, 큰아버지?
빡
얼마나 멋진가. 이런 이야기를 큰아버지 앞에서 해 드리면 얼마나 좋아하셨을까.
그런데 서당에서는 이런 것 대신 매일 똑같이 글 짓는 것과 쓰는 것만 가르쳤다. 결국 중돌이와 키돌이 녀석은 내가 무서워 아무 말도 못했고, 우리 식구들은 모두 쫓겨났다. 그때부터 우리는 그 지겨운 서당에 안 가도 되었다. 더불어 그날부터 우리 가족은 이 먼 마을까지 쫓겨 와 움막이나 다름없는 집을 짓고 살아야 했다.
나가

그렇게 우리를 쫓아낸 큰아버지께서 갑자기 나타나셨으니 아버지께서 얼마나 놀라셨겠는가.

“저는 박놀보라는 사람이올시다. 여기 있는 흥보 형 되는 사람이지요. 처음 뵙겠습니다.”

큰아버지께서는 마을 사람들을 상대로 인사를 하셨다.

“예, 반갑습니다. 저는 홍경래라고 합니다. 예전에 참판을 지냈다고 해서 홍 참판이라고 부릅니다.”

“저는 장 승상입니다. 중국에서 승상 벼슬을 했다고 해서 그리 부르고 있습니다.”

이렇게 여러 사람이 돌아가며 인사를 했다.

인사가 끝나고 나서 큰아버지께서 입을 여셨다.

“제가 이 먼 곳까지 온 것은 흥보 때문에 이 마을뿐 아니라 나라 전체가 걱정에 빠져 있다는 소문을 들었기 때문입니다.”

큰아버지 말을 들은 마을 사람들은 잠깐 말을 잃었다.

“아니…… 그럼…… 이 일을 우리뿐만이 아니라 나라 전체 사람들이 알고 있나요?”

홍 참판께서 물으셨다.

“알다마다요. 지금 조정에서도 이 마을 때문에 걱정을 하고 있는데요.”

“우리는 우리 마을 일이라고 생각했는데…….”

장 승상께서 혼잣말처럼 중얼거리자 큰아버지께서 말씀하셨다.

“그럴 리가 있습니까? 이 작은 나라에 갑자기 그 큰돈이 생겼으니 온 나라에 영향을 미칠 수밖에요."

"그 정도일 줄은 몰랐습니다, 어른."

"뭐 저야 배운 게 없어서 일이 어떻게 돌아가는지 잘 모릅니다. 그런데 들리는 말로는 온 나라에서 사용하는 돈이 모두 백만 냥쯤 된다더군요. 그런데 갑자기 이 마을에서 수백만 냥이 생겼다고 합니다."

"수백만 냥요?"

사람들은 깜짝 놀랐다. 돈이 갑자기 많이 생긴 건 맞지만 수백만 냥이나 되는 줄은 몰랐기 때문이다.

그 순간 사람들의 눈길이 일제히 아버지를 향했다. 아무도 말을 하지는 않았지만 '도대체 어찌 된 일인가?' 하는 표정임은 금세 알 수 있었다.

잠시 우물쭈물하신 아버지께서는 결국 모든 사실을 털어놓으셔야 했다.

"사실, 여러분 모르는 사이에도 돈을 많이 썼습니다요. 집 짓는 데도 쓰고 물건 사는 데도 쓰고. 그러다 보니 그만큼이나 되었나 봅니다. 저도 잘 몰랐는데."

하기야 주머니에서 꺼내기만 하면 되니 누가 돈을 얼마 썼는지 기억하겠는가.

"그런데 더욱 큰 문제는 오늘도, 내일도, 모레도 계속 돈이 생겨난다는 겁니다. 그러니 얼마 안 가 이 나라에 천만 냥, 내년쯤에는 수천만 냥의 돈이 더 생겨날지 모릅니다. 안 그렇습니까?"

큰아버지께서 물으셨지만 누구도 대답하지 못했다. 그 말씀이 옳았

기 때문이다. 오늘 아침에도 아버지께서는 주머니에서 돈을 한없이 꺼내셨다. 만일 이 모임이 없었다면 지금도 돈을 꺼내고 있었을 것이다. 날이 갈수록 물건 살 때 더 많은 돈이 필요했으니까.

잠시 후 참판 어른이 입을 여셨다.

"사실은 우리가 모인 것도 바로 그 일 때문입니다. 나라가 어떻게 돌아가는지는 몰랐지만 우리 마을도 영 힘들거든요."

"당연하지요. 돈이란 게 노력한 대가로 주고받을 때 가치가 있는 것인데, 아무런 노력도 없이 무한정 솟아나니 그 가치가 떨어지는 건 당연합니다."

큰아버지께서는 다시 말씀하셨다.

"그렇다면 어떻게 하면 좋겠습니까?"

"어르신, 좋은 의견이 있으시면 가르쳐 주십시오."

그때였다. 아버지께서 앞으로 나서며 말씀하셨다.

"사실 저희 형님이나 저는 배운 게 없습니다. 조상님께서 많은 땅을 남겨 주셔서 남부럽지 않게 살았지만 배우지는 못했습니다. 그래서 저나 형님에게 이런 어려운 일을 해결할 능력은 없습니다. 그러니 여러 어른들께서 지혜를 모아 주십시오."

아버지께서는 큰아버지를 걱정해서 그런 말을 하셨을 것이다. 무식한 큰아버지께 사람들이 자꾸 묻고 가르쳐 달라고 하면 어찌할 바를 모르실 테니까.

그때였다.

"맞습니다. 저나 제 아우는 배우지 못했습니다. 그래서 아우에게 아이들이라도 열심히 가르치라고 했지요. 그렇지만 부끄럽게도 아우는 아이들 교육에 힘을 쏟지 않았습니다. 그래서 정신을 차리라는 뜻으로 집에서 내쫓았던 것입니다. 그런데 얼마 후 어디로 사라졌는지 찾을 수가 없더군요. 이제는 정신을 차렸겠지 하고 여기저기 수소문했지만 찾을 수가 없었습니다. 할 수 없이 저는 조상님들께서 남겨 주신 재산을 소중히 지키기 위해서는 배워야 한다고 생각했습니다. 그리고 그때부터 저는 한양에 있는 정약용 선생께서 세우신 '다산경제학당'에 입학했습니다."

"예? 어르신께서요?"

"그렇습니다. 비록 제 나이가 많기는 하지만, 배우는 데 늦은 나이가 있습니까? 그래서 한양까지 열심히 다녔지요."

"정말 대단하십니다요, 어르신."

사람들은 큰아버지의 행동에 감동을 받은 듯했다.

"그렇게 대단한 일이 아닙니다. 여러분도 마음만 먹으면 해낼 수 있는 일입니다. 저처럼 부족한 사람도 했는데요."

큰아버지께서는 머리를 긁적이며 말씀하셨다.

"배운 건 자랑이 아닙니다. 배운 걸 실천하는 게 중요하지요. 이건 제 스승이신 다산 선생님께서 하신 말씀입니다."

모두가 고개를 끄덕였다.

"그렇지요. 실천하는 게 중요하지요."

누군가 속삭였다.

"그러니 우리 모두 모여서 이 문제를 어떻게 해결할지 생각해 보시지요. 저도 힘닿는 데까지 돕겠습니다."

"정말 감사합니다, 놀보 어르신."

참판 어른께서 고개를 깍듯이 숙이며 큰아버지께 감사의 뜻을 표하셨다.

열여섯 냥

사흘 동안 계속된 회의

이렇게 시작된 회의는 이후 사흘 동안이나 계속되었다.

회의가 열리는 중에도 아버지께서는 매일 아침마다 얼굴에 땀이 송골송골 맺힐 정도로 돈을 꺼내셔야 했다. 회의 장소는 홍 참판 댁이지만, 우리 때문에 회의가 열렸으니 거기 모인 사람들 먹을거리는 우리가 대는 게 당연했다.

그런데 회의가 열리는 동안에도 하루가 다르게 물가는 올랐다. 이제는 아버지 혼자 힘으로 돈을 꺼내서는 우리 집안 살림하기에도 빠듯했다. 그렇지만 다른 사람이 손을 넣으면 엽전 한 닢 나오지 않으니 아무리 힘들어도 이 일은 아버지 혼자 하셔야 했다.

"이럴 줄 알았으면 일찌감치 돈을 빼서 금고랑 창고에 넣어 둘 걸 그랬어요."

어머니께서 말씀하셨다.

“그래도 나는 후회 없네. 먹고 싶은 것 다 먹어 봤고, 온갖 술도 마셔 봤고. 만일 그런 것 못 해 보고 이렇게 되었다면 얼마나 억울했을까?”

아니, 이런 상황에서도 아버지께서는 참 태평도 하셨다.

그나저나 사람들은 요술 주머니를 가지고 있는 우리가 하루하루 살기 위해 이토록 애쓴다는 사실이 믿기지 않을 것이다. 우리 가족도 믿을 수 없었으니까. 그렇지만 현실은 그랬다.

“여보, 우리 살림을 좀 줄여야 하지 않을까요?”

회의 마지막 날 아침, 어머니께서 아버지께 말씀하셨다.

사실 우리 집 살림살이는 여느 집과는 달랐다. 일하는 사람만 해도 스무 명이 넘었고, 이들이 관리해야 할 집만 해도 아흔아홉 칸이었다.

왜 백 칸이 아니냐고?

이런 무식한 사람 같으니. 우리나라를 다스리는 임금님이 사는 궁궐을 빼고는 그 누구도 백 칸이 넘는 집을 지어서는 안 된다. 그래서 조선 땅에서 가장 큰 집은 아흔아홉 칸이다. 우리 집이 아흔아홉 칸인 것도 그 때문이다.

사실 이건 몽룡이에게 들은 이야기다. 몽룡이는 아버지가 사또라서 나라 법도에 관한 것은 다 알고 있다. 물론 머리는 나보다 못하지만.

여하튼 일하는 사람 스물대여섯 명에 우리 가족 열 명, 모두 서른 명이 넘는 사람이 매일 먹고 입고 생활하려면 상당한 돈이 필요했다. 그뿐이 아니었다. 그 넓은 집을 관리하는 데도 많은 돈이 필요했다. 겨울

에는 난방을 위해 엄청난 양의 나무가 필요했고, 여름에는 더위를 이기기 위해 큰돈을 주고 얼음을 사야 했다. 게다가 아버지가 쓰는 돈이 얼마나 많은가. 술 마셔야지, 노름해야지.

그에 비하면 나는 정말 돈을 아껴 썼다. 게임을 할 때도 돈을 최대한 아꼈다. 나처럼 똑똑한 사람이 잃으면 얼마나 잃겠는가. 게임이란 것이 처음 청나라에서 조선 땅에 들어왔을 때, 온 나라 아이들이 서당에는 안 가고 게임만 했다. 그런데 이 게임이란 것이 시간이 지나면서 놀이가 아니라 어른들이 하듯이 돈을 걸고 하는 노름이 되고 말았다. 그러다 보니 많은 녀석들이 게임 하다가 서당에 내야 할 돈을 다 잃기도 했다. 그러나 나는 똑똑한 데다 절약하는 습관이 몸에 배서, 지난달에도 고작 아버지가 하루 동안 꺼낼 돈밖에 잃지 않았다. 그게 얼마냐고? 글쎄, 한 십만 냥쯤?

여하튼 어머니께서 살림살이 규모를 줄이자고 말씀하시자 아버지께서 대답하셨다.

"글쎄. 사실 요즘은 나도 돈 꺼내는 게 힘들어. 예전에는 조금만 꺼내도 충분했는데 이젠 온종일 꺼내야 할 정도니. 아무튼 오늘 회의에서 무슨 결판이 나겠지."

"맞아요, 어머니. 오늘 회의에서 결론이 나면 그때 가서 우리도 살림살이 규모를 줄이거나 일하는 사람 수를 줄이거나 해요. 아버지, 회의에 늦겠어요."

"오냐, 빨리 가자."

오늘도 아침 식사가 끝나자마자 아버지와 중돌이는 회의가 열리는 홍 참판 댁으로 향했다. 나는 지난 이틀 동안 한 번도 회의에 참석하지 않았다. 아니 못했다! 그렇지만 오늘은 한번 가 보겠다고 다짐했다. 혹시 청이가 심학규 어른을 모시고 올지도 모르는 일 아닌가.

“자, 그럼 오늘 회의를 시작합시다.”

홍 참판께서 입을 여셨다.

“지난 이틀 동안 우리는 많은 이야기를 나누었습니다. 그러니 오늘은 결론을 내릴 수 있을 거라 생각합니다. 좋은 말씀들 많이 해 주십시오.”

“제가 한마디 하겠습니다.”

이틀 동안 가장 많이 발언한 큰아버지께서 입을 여셨다. 사실 큰아버지만큼 지식을 가진 사람이 없었기 때문에 당연한 일이었다.

“지난 이틀 동안 우리가 주고받은 이야기를 종합해 보면 다음과 같습니다.

첫째, 세상에 돈이 너무 많아졌다.

둘째, 돈이 많아져서 물가가 너무 올랐다.

셋째, 그 결과 물건을 가진 사람은 큰돈을 번 반면, 물건을 갖지 못한 사람은 오히려 살기가 어렵게 되었다. 맞습니까?”

“정확합니다그려.”

누가 들어도 분명했다. 그러니 큰아버지께서 점점 마을 사람들로부터 신뢰를 받을 수밖에.

"그렇다면 오늘은, 이 문제들을 해결하기 위한 방안을 생각해야겠습니다."

그때 장 승상께서 벌떡 일어나 말씀하셨다.

"어른 말씀이 지당하십니다. 우리 집 마당쇠만 해도 예전에는 한 달에 스무 냥을 주었습니다. 그렇지만 지금은 스무 냥은커녕 이천 냥을 주어도 먹고살기가 어렵답니다. 게다가 마당쇠처럼 논이나 밭도 없고 기술도 없는 사람들은 팔 물건도 없습니다. 그러니 이 사람들도 먹고살 방도를 마련해 주어야 하지 않겠습니까?"

장 승상 말씀은 정말 옳았다. 우리 집에서 일하는 자루 아저씨나 맛순 아줌마도 처음에는 한 달에 오십 냥을 주었지만 지금은 오천 냥을 주어야 했다. 그래도 살기 힘들다고 아우성이었다.

하기야 예전에는 오십 냥만 있어도 쌀밥에 솜옷을 입을 수 있었다. 그렇지만 지금은 오천 냥을 가지고도 쌀밥 먹기가 힘들다고 했다.

"그렇습니다. 그래서 나라 살림하기가 힘들다고들 하지요. 모든 사람이 고루 잘살게 해야 하니까요. 우리 마을 일도 그와 흡사합니다. 그러니……."

"무슨 좋은 방도라도 있으신가요?"

누군가 궁금하다는 투로 물었다.

"저라고 뾰족한 수가 있겠습니까?"

큰아버지께서 말씀하시자 모든 사람들이 이내 시무룩해졌다. 하기야 가장 많이 배운 큰아버지께 방도가 없다면 회의는 하나마나 마찬가지니까.

"그렇지만……."

갑자기 큰아버지께서 힘주어 말씀하셨다.

그 말에 고개를 숙이고 땅만 보던 사람들의 눈길이 다시 큰아버지를 향했다.

"하나하나 풀어 나가다 보면, 해결 방안이 분명 있을 겁니다."

얼마나 힘차게 말씀하시는지 큰아버지 눈빛이 태양보다 더 힘차게 뻗어 나가는 듯했다. 큰아버지 말씀이 끝나자 사람들 또한 갑자기 용기가 솟는 듯했다.

"그렇지요. 하늘이 무너져도 솟아날 구멍이 있다고 하지 않습니까?"

변몽룡이 일어나더니 심각한 표정을 지으며 말했다. 사실 몽룡이도 요즘 힘이 빠진 상태였다. 아버지 변 사또가 다스리는 이 마을에서 사단이 났으니 하루가 멀다 하고 한양에서 감독관이 내려오기 때문이었다. 향단이랑 혼인할 때만 해도 신이 났겠지. 그래도 공부 좀 했다고 조용히 있지는 않는군.

"제 생각에는 가장 먼저 해야 할 일은 돈을 더 이상 늘리지 않는 것입니다."

칫, 당연한 말을 하고 그래. 역시 나보단 한 수 아래야, 아래. 아무리 배웠어도 타고난 머리는 어쩔 수 없다니까.

모두들 나랑 같은 생각인 듯했다. 눈을 껌뻑이며 몽룡이를 쳐다보고만 있으니 말이다.

“그렇지만 돈을 늘리지 않는 일은 생각보다 어려울 듯싶습니다. 왜냐하면 돈을 늘리지 말자고 하면 당장 흥보 어른께서는 살림을 꾸려 나가기가 힘들 테니까요.”

아, 그렇다. 돈을 만들 수 있는 집은 우리 집뿐이었구나. 그러니까 돈을 늘리지 말자고 하면 우리만 힘들어지고.

몽룡이 말이 끝나자 사람들이 여기저기서 웅성거리기 시작했다.

“자네 말이 백번 지당하네그려. 돈을 늘리지 않으려면 우선 흥보네 살림살이를 해결해야겠구먼.”

“그렇습니다, 어르신.”

몽룡이가 홍 참판께 대답했다.

“그렇다면……. 흥보, 자네 생각은 어떤가? 돈을 늘리지 않고도 살림을 꾸려 나갈 수 있겠는가?”

말이 끝나기가 무섭게 아버지 얼굴이 일그러졌다. 나라도 그랬을 것이다. 단 하루라도 돈을 꺼내지 않으면 우리는 당장 굶어야 할 테니까.

“아, 예……. 그러니까 우리 살림은…… 어…… 돈……이 없으면…… 제비가…… 박 씨 하나를…… 툭…… 주머니가…… 돈을…… 없으면…… 쌀…….”

도대체 끝날 기미가 보이지 않았다. 귀를 쫑긋하고 듣던 사람들도 여기저기서 “쯧쯧!” 혀를 차기 시작했다.

휴, 큰아버지께서는 저렇게 똑똑하단 소리를 듣는데, 어떻게 우리 아버지는 사람들에게 손가락질을 받는담. 정말 내가 빨리 장가가서 우리 집안을 다시 일으켜야겠다는 생각밖에 들지 않았다. 역시 사람은 똑똑해야 한다.

"그러니까 자네 말은, 지금 돈이 없으면 살기가 힘들다는 얘기지?"

홍 참판께서 물으셨다.

"그렇습니다, 어르신."

"간단히 말하면 될 것을 뭐 그리 어렵게 이야기하나?"

허 생원께서 짜증 섞인 목소리로 말씀하셨다.

"흥보네가 돈이 없으면 못 산답니다. 그러니 이 문제부터 해결해야겠습니다."

"아니, 그렇게 돈을 물 쓰듯 하더니 이제 와서 돈이 없어서 살림도 꾸려 나갈 수 없다니! 에이 참!"

"그러게 말이오. 약간 모자란 듯하더니 역시…… 쯧쯧."

여기저기서 아버지를 탓하는 소리가 들려왔다.

마을에서 가장 부자인 우리 집이 왜 갑자기 이런 신세가 되었지?

"자, 이 자리에서 누굴 탓한다고 문제가 해결되지는 않습니다. 이해하고 문제를 해결할 방안만 논의합시다."

역시 홍 참판께서는 훌륭하시다.

"제가!"

갑자기 천둥 같은 소리가 대청을 쩌렁 울렸다.

"책임지겠습니다."

모두들 소리가 나는 쪽으로 눈길을 돌렸다. 큰아버지셨다.

제가! 책임지겠습니다
헉.. 형님....

"제가 제 아우의 살림살이를 책임지겠습니다. 그럼 더 이상 돈을 안 만들어 낼 테니까요."

사람들은 깜짝 놀라는 표정을 감추지 못했다.

큰아버지는 동생을 쫓아낸 사람이었다. 그런데 동생은 돈을 산더미처럼 만들어 내면서도 형님에게 그런 소식조차 전하지 않았다. 오히려 동생 때문에 형은 피해를 보았다. 그런데 동생네 살림살이를 책임지겠다고 나서다니! 사람들이 놀랄 만도 했다. 나도 놀랐으니까.

"놀보 어른께서 흥보네가 돈을 더 이상 안 만들어도 살 수 있도록 도와주신답니다. 그럼 흥보 생각을 들어 봅시다. 흥보 자네, 형님께서 살림살이를 도와주시면 돈을 더 이상 안 만들겠는가?"

모든 사람의 눈과 귀가 아버지께로 향했다.

아버지께서는 어쩔 줄 모르는 표정을 지으며 멈칫거리셨다.

그때였다. 아버지 곁을 지키고 있던 중돌이 녀석이 갑자기 입을 여는 것이었다.

으휴, 저런 못난 놈. 나도 가만있는데.

"어르신들께 제가 한 말씀 드리겠습니다. 지금 저희는 돈을 만들어도 별 이익이 없습니다. 예전과 달라서 아무리 돈을 만들어도 하루하루 살아 나가기가 빠듯합니다. 그러니 저희는 돈을 만드나 안 만드나 별 차이가 없습니다. 만일 큰아버지께서 도와주신다면 아버지께서는 돈 만드는 데 힘을 쏟지 않아도 되니까 저희 집은 더 좋을 듯싶습니다. 아버지, 그렇지요?"

다시 모든 사람이 아버지를 바라보았다.

"어, 그래…… 네 말이…… 맞는……. 그러니까…… 내가 돈을…… 안 꺼내……도 된단 말……."

"예, 맞아요, 아버지. 이제 더 이상 돈을 꺼내실 필요가 없어요."

"그럼 흥보네가 더 이상 돈을 안 만드는 데 동의한 것으로 알겠네. 흥보, 맞는가?"

홍 참판께서 아버지를 향해 되물으셨다.

"아, 예. 그렇습니다요."

아버지께서는 이미 기가 팍 꺾인 모습이셨다. 그때 누군가가 기가 꺾인 아버지를 완전히 쓰러뜨리는 말을 했다.

"그런데 흥보 어른께서는 돈을 어떻게 만드셨어요? 돈 만드는 도구가 있다면 그게 있는 한 언제든 또다시 돈을 만들 수 있잖아요. 그러니 말씀으로 약속하시는 것보다 그 도구를 모두들 보는 앞에서 없애는 게 확실하지 않을까요?"

어이구, 몽룡이 녀석.

그런데 몽룡이 말이 채 끝나기도 전에 여기저기서 박수 소리가 터져 나왔다.

"옳네그려."

"몽룡이 말이 맞소이다. 그렇게 해야 분명하지요."

"이 자리에서 그렇게 합시다."

이 정도 되면 사람들 뜻을 누구라도 거스를 수 없을 것이다.

"홍보, 사람들 의견이 이렇다네. 자네 생각은 어떤가?"

홍 참판께서 아버지께 의견을 물으셨다. 그러나 아버지께서 대답을 하기도 전에 다시 천둥소리가 들려왔다.

"뭘 어떻게 합니까? 당연히 가져와서 없애야지요. 그렇지 않다면 내가 아우를 돌봐 줄 필요가 없지요. 홍보야, 내 말이 맞지?"

큰아버지셨다.

"아, 그 양반 참 말씀 잘하시네."

"역시 인물이야, 인물!"

사람들은 다시 박수를 치고 환호성을 질렀다.

사람들 기세에 눌린 아버지께서는 가까스로 입을 여셨다.

"그렇게…… 해야…… 하는…… 게…… 옳다고…… 할 수…… 있다고…… 보이기는…… 합지요."

"홍보네가 동의했습니다, 여러분. 어려운 결정을 내린 홍보네에게 큰 박수를 보냅시다."

홍 참판 말씀이 끝나자 대청은 우레와 같은 박수 소리로 가득 찼다.

그때였다. 가을건이가 끝나 남쪽으로 날아가는 철새들 틈에서 새 울음소리가 들려왔다.

"끼저예 끼룩요……. 끼룩잘…… 끼하셨……끼어……끼요……. 끼만큼…… 끼룩하셨……끼으면…… 끼룩됐……끼지요. 끼안녕……끼룩히…… 끼게……끼룩세요."

사람들은 갑자기 들려오는 새소리에 어안이 벙벙해진 모습이었다. 그러나 나는 분명히 알았다. 박 씨를 가져다준 제비 울음소리라는 것을.

나는 순간 머리를 들고 하늘을 보았다. 중돌이랑 아버지께서도 나처럼 하늘을 올려다보았다. 그런데 더욱 놀라운 일이 벌어졌다.

제비가 무언가 커다란 것을 입에 물고 홍 참판 댁 마당 위에서 빙글빙글 돌고 있는 게 아닌가.

"아니, 저 제비는?"

중돌이가 외쳤다. 그러자 사람들 또한 모두 머리를 하늘로 향한 채 제비를 보았다.

"저 제비가 돈 나오는 주머니를 가져다준 제비예요."

"그래?"

중돌이 말이 끝나자마자 사람들이 마당으로 몰려나와서 제비를 잡으려고 안간힘을 썼다.

"잠자리채 없느냐?"

"신발 벗어 봐라. 던져서 잡자꾸나."

"화살 어디 있을 텐데. 빨리 가져와라."

"개똥아, 임진왜란 때 쓰던 조총 어디 있냐? 찾아봐, 어서!"

"너 평소에 돌팔매질 잘하던데, 지금 해야 한다. 지금!"

회의를 할 때는 얌전하던 마을 사람들이 모두들 제비를 잡겠다고 아우성이었다.

"이게 무슨 짓들이오?"

이번에는 더 무시무시한 천둥소리가 온 집 안을 울렸다. 제비를 잡으려고 난리를 치던 사람들이 깜짝 놀라 소리 나는 곳을 바라보았다.

"아니 방금 전에 한 약속을 벌써 잊었단 말이오? 더 이상 그런 물건을 사용하지 않기로 하고 아예 없애자고 했잖소. 그런데 그 물건을 서로 갖겠다고 아우성이라니! 이러고서 어찌 세상이 잘되기를 바란단 말이오."

큰아버지께서는 한심하다는 듯이 말을 끝내시고는 대청 구석에 털썩 주저앉으셨다.

"아니, 우리가 공짜를 바라는 게 아닙니다. 그저……."

"맞아요. 제비구이나 한번 먹어 보려고…… 에헴……."

"재미로 사냥 한번 해 보려고 한 것이지요. 돈이 탐나서가 아닙니다."

여기저기서 사람들이 얼굴을 붉힌 채 투덜거렸다.

그러자 홍 참판께서 마당으로 나가 말씀하셨다.

"놀보 어른 말씀이 옳습니다. 자, 다들 들어갑시다. 저런 것을 구했다고 해서 잘사는 것도 아니고 행복해지는 것도 아니라는 걸 우리가 다 보았잖소. 그러니 어서들 들어갑시다."

홍 참판이 손을 들어 손짓하자 사람들은 들었던 신발이며 잠자리채며 모두 놓고 겸연쩍은 듯 다시 대청으로 오르기 시작했다.

그때였다.

"저, 저걸 보세요."

중돌이가 외쳤다.

"저 제비가 돈주머니를 입에 물고 있어요."

정말? 잘 살펴보니 돈주머니가 틀림없었다.

"맞아요. 저 주머니가 돈 나오는 주머니예요."

나는 나도 모르게 큰 소리로 외쳤다.

사람들이 다시 제비를 쳐다보았다.

"어, 그런데 주머니를 풀기 시작하네."

누군가 말했다. 정말 제비는 주머니를 한 올 한 올 풀기 시작하더니 그 실로 자기 몸을 감싸기 시작했다. 정말 빨리 풀고 빨리 감쌌다.

잠시 후 주머니는 온데간데없이 사라졌고, 제비 몸은 주머니에서 나온 실로 완전히 감싸였다.

"끼안녕…… 끼계……끼세요…… 끼감사……끼해……끼요."

제비가 낮게 날아 대청 가까이로 오더니 이처럼 인사를 했다. 그 순간 나는 내 눈을 의심했다. 분명 조금 전에 실로 몸을 감쌌는데 어느새 실은 사라지고 제비 깃털로 변해 있었다.

"와, 오색 깃털 제비예요."

"정말. 다른 제비 깃털은 검은색인데."

"이렇게 예쁜 제비는 처음인데."

어쩌면 이리도 예쁜지 나도 말문이 막힐 정도였다. 사람들 또한 넋을 잃고 제비를 쳐다보았다.

제비는 오색 깃털을 반짝이며 홍 참판 댁 마당을 한 바퀴 돌더니 이내 남쪽을 향해 날아가기 시작했다.

"끼룩끼룩안녕……끼룩끼룩……."

마지막 인사를 한 제비는 순식간에 우리 시야에서 사라졌다.

"가 버렸네."

사람들은 마치 꿈이라도 꾼 듯 제비가 날아간 남쪽 하늘을 오랫동안 쳐다보았다.

"자자, 이제 정신들 차립시다."

홍 참판께서 이번에도 가장 먼저 자리를 잡고 말씀하셨다.

"이렇게 해서 돈 만드는 도구는 자연스럽게 사라졌습니다."

"더 이상 돈이 늘어날 염려는 없네요. 그렇지요?"

큰아버지께서 말씀하셨다.

"휴, 잘되었습니다그려."

여기저기서 한숨 섞인 말들이 흘러나왔다. 쩍쩍 입맛을 다시는 사람도 있었다. 모두들 아쉬워하는 태도가 역력했다. 역시 사람들은 돈이라면 사족을 못 쓴다. 그에 비하면 나는 돈 같은 것에 욕심이 없다. 그래서 내가 누구보다 훌륭하다고 자부한다. 다만 작은 욕심이 있다면, 그건 우리 집을 일으켜 세우는 것이다. 그러기 위해서는 하루라도 빨리 청이와 혼인을 해야 하는데…….

"그럼 놀보 어른께서 정리하신 첫 번째 문제는 해결되었습니다."

"그렇군요. 자, 그럼 우리 노력이 결실을 맺은 기념으로 박수 한번 칠까요?"

"좋습니다!"

여기저기서 사람들이 박수를 치기 시작했다. 무언지 모를 희망의 기운이 홍 참판 댁 대청과 마당에 흐르기 시작했다.

열일곱 냥

돈을 한데 모으자!

"자, 그럼 다음 문제로 넘어가 봅시다."

"좋습니다."

"두 번째 문제는 물가가 너무 올랐다는 것입니다. 물가가 너무 올라서 어려운 사람들은 먹고살기가 힘들게 되었지요. 이 문제를 어떻게 해결해야 할까요?"

이 문제는 앞선 문제보다 풀기가 훨씬 어려웠다. 앞의 문제는 우리 집에서 돈을 더 이상 안 만들면 되지만, 오른 물가를 내리는 것은 한 사람의 노력으로는 불가능했다.

"다행히도 돈이 더 이상 안 만들어질 테니까 이제 물가가 오르지는 않을 것입니다. 다만 오른 물가를 어떻게 내리느냐 하는 문제는 지금 돌아다니는 돈을 어떻게 줄이느냐와 깊은 연관이 있습니다."

큰아버지께서 다시 말씀하셨다.

"그렇군요. 사람들이 가지고 있는 돈을 줄이면 물가는 자연히 떨어지겠군요."

"그렇습니다. 예전처럼 한꺼번에 확 줄일 수는 없겠지만 차츰 줄여 나가다 보면 물가도 자연스레 떨어질 테지요."

"그런데 누가 자기 돈을 없애려고 할까요?"

"맞아요. 어느 누가 자기가 가진 돈을 없애겠어요?"

"그렇습니다. 그래서 새로운 방식이 필요합니다."

말을 마치신 큰아버지께서는 곰곰이 생각에 잠기셨다.

모두들 큰아버지를 따라 생각에 잠긴 듯 보였다.

"잠깐, 좋은 생각이 떠올랐어요!"

또다시 몽룡이였다.

"뭔가, 몽룡이."

"음, 환곡(還穀)이란 제도가 있잖아요."

"있지. 나라에서 곡식을 보관하고 있다가, 봄에 굶주리는 백성들에게 빌려주고 가을에 수확한 후 갚도록 하는 제도지. 그런데?"

"환곡은 남는 곡식을 나라에서 보관하고 있다가 백성들이 필요할 때 사용하도록 하는 제도예요. 그런데 지금 우리는 돈이 너무 많아서 문제잖아요."

"그렇지."

"그러니까 남는 돈을 모아서 보관하고 있다가 훗날 필요한 사람들에게 빌려주는 거예요."

사람들이 여기저기서 웅성거렸다. 잠시 후 허 생원께서 말씀하셨다.

"그러니까 나라에서는 곡식을 보관했다 필요한 사람에게 빌려준다면, 우리는 돈을 보관했다가 필요한 사람에게 빌려주자는 말이구나. 그렇지?"

"맞습니다. 정확히 보셨어요."

그때 홍 참판께서 물으셨다.

"그런데 말이다. 환곡은 빌려주었다가 받을 때 1할을 이자로 더 받지 않느냐? 우리도 그렇게 해야 한다면 누가 돈을 빌리겠니? 안 그래도 돈이 너무 많아서 탈인데, 이자까지 내면서 돈을 빌리려 할까?"

그러면 그렇지. 몽룡이 녀석, 말도 안 되는 걸로 영웅이 되려고 했다가 큰코다쳤군. 나는 속으로 쾌재를 불렀다. 그런데 몽룡이 녀석, 당황하는 기색이 전혀 안 보이네. 어쩐 일이지?

"참판 어르신, 환곡에서 1할의 이자를 받는 것은 곡식 보관 과정에서 썩거나 상하거나 분실되는 등 없어지는 양이 있기 때문이지요. 그래서 늘 같은 양의 곡식을 유지하기 위해 이자를 받은 거예요. 그렇지만 돈은 절대 썩을 염려가 없어요. 또 잘 지키기만 하면 분실될 일도 없구요. 곡식은 동물들이 먹어 없애기도 하지만 엽전을 갉아 먹는 짐승은 없으니까요."

"그렇구나."

어쭈, 몽룡이 녀석 대단한데? 어떻게 저런 내용을 알고 있지? 나 같은 천재도 모르는 사실을.

"그런데 말이다. 누가 돈을 맡길까?"

이번엔 장 승상께서 물으셨다.

"돈을 맡길 때는 뭔가 이익이 있어야 맡길 텐데. 이자도 안 주는데 누가 자기 돈을 맡기겠니?"

"저도 그 생각을 했어요. 그런데 잘 생각해 보니 돈을 맡길 사람이 많더라고요."

"그래?"

모두들 몽룡이 입에서 무슨 말이 나올지 궁금한 표정이었다.

"예. 우선 집 안에 너무 많은 돈을 가지고 있는 사람들이 맡길 거예요. 지금은 자기 돈을 도둑맞을까 걱정할 수밖에 없어요. 예전처럼 돈이 적으면 궤짝 안에 넣어 두고 궤짝만 지키면 되었죠. 그렇지만 지금은 돈이 너무 많으니까 궤짝 정도로는 터무니도 없죠. 그래서 적은 사람은 방 안에 두기도 하고, 많은 사람은 창고 안에 넣어 두기도 하잖아요. 그러니 언제 누가 와서 돈을 가져갈까 늘 걱정이죠."

이 대목에서 여러 사람들이 고개를 끄덕였다.

사실 돈이 너무 많아지면서 사람들은 돈을 어떻게 보관해야 할지 걱정이 태산이었다. 아버지께서 온종일 꺼내야 할 만큼 많은 돈으로 고작 쌀 대여섯 가마밖에 살 수 없었다. 그래서 우리 집만 해도 일주일 동안 쓸 돈을 커다란 창고 안에 가득 넣어 두어야 할 정도였다. 그러다 보니 돈을 지키기 위해 체격이 좋은 세 사람을 더 고용해야 했다.

다른 집도 마찬가지일 것이다. 그나마 우리는 집이라도 크니까 그래도 돈을 보관할 곳이 있지만, 다른 집들은 보관할 곳도 마땅치가 않은 지경이었다.

"음, 요모조모 따져 보니 좋은 생각 같구나."

장 승상께서 말씀하셨다.

그 뒤를 이어 여러 마을 사람들이 동의했다.

그러자 몽룡이가 다시 말을 시작했다.

"그뿐이 아닙니다. 아까 장 승상 어른께서 말씀하셨듯이 내다 팔 물건이 없는 사람들은 하루하루 살기가 힘듭니다. 이분들은 물건도 없고 돈도 없는 형편이지요. 그래서 장사를 하려고 해도 밑천이 없어서 할 수 없고, 물건을 만들어 팔려고 해도 재료를 살 수 없는 형편입니다. 그러니 이런 분들께는 우리가 보관하고 있는 돈을 빌려드리는 겁니다. 이자가 비싸면 장사를 할 수 없으니까 나라에서 받는 환곡과 달리 이자를 1퍼센트만 받는 겁니다."

"1퍼센트가 무슨 소리인가?"

"글쎄 말이야. 처음 듣는 말이네그려."

"아, 죄송합니다. 제가 청나라에 유학 가서 배운 말인데 잘못 나왔습니다. 우리는 이를 1푼이라고 하지요. 그러니까 백 냥을 빌리면 일 년에 이자로 한 냥만 내면 되는 것입니다."

"한 냥?"

"예, 한 냥."

"정말 싸군. 나도 빌려야겠는걸. 이참에 신발 가게를 하나 내 볼까?"

"그렇게 싼 이자라면 나도 빌려서 배 만드는 일을 해 보고 싶어. 요즘 배가 귀하다고 하더라고."

"자, 다들 조용히 합시다. 그러니까 몽룡이 말은, 돈이 많은 사람은 보관하기 힘드니까 맡길 것이고, 돈이 없

는 사람은 싼 이자로 돈을 빌려 새로운 장사나 공장을 운영할 수 있으니까 빌려 갈 거라는 말이지?"

"그렇습니다."

홍 참판께서는 잠시 생각하시다가 고개를 끄덕이며 말씀하셨다.

"여러 어른들께서도 그렇게 생각하십니까? 제 생각에는 썩 나쁘지 않은 것 같은데……."

"내 생각에도 좋은 것 같소. 나도 물고기 잡을 조그마한 배를 한 척 갖고 싶은데 지금은 너무 비싸서 만들 수가 없거든. 그런데 돈을 빌릴 수만 있다면 배를 한 척 만든 후, 그 배로 물고기를 많이 잡아 팔면 이자도 내고 돈도 더 벌 수 있을 것 같네그려."

청이 아버지셨다.

"거 생각할수록 좋은 의견이네. 우리 옆집 월매네도 입만 열면 작은 채소 가게라도 하고 싶다는데 돈이 없어서 엄두를 못 냈지. 그런데 이렇게 돈을 빌릴 수 있다면 채소 가게 내서 열심히 일해 이자도 내고 돈도 벌 수 있을 것 같은데."

"맞아요. 집사람 이야기를 들으니 친구 춘향이도

돈만 조금 있으면 화장품 만드는 일을 해 보고 싶다더군요. 춘향이 피부가 고운 건 다 이유가 있답니다. 그래서 자기가 사용하는 방법대로 화장품을 만들어 팔고 싶은데, 공장 지을 돈이 없다고 안타까워했다더군요. 그러니 춘향이도 이참에 화장품 공장을 만들 수 있을 것 같아요."

몽룡이 녀석은 지 마누라 향단이나 신경 쓸 일이지, 시집도 안 간 춘향이 걱정까지 하는 까닭이 뭐야?

"여러분 말씀을 들어 보니 좋은 생각이 분명합니다. 그럼 이렇게 하기로 결정하는 데 이의 없으시지요?"

홍 참판께서 마지막으로 정리하셨다. 그때 큰아버지께서 입을 여셨다.

"다 좋은데, 한 가지 질문이 있소이다."

순간 모두가 긴장하는 빛이 역력했다.

"예, 놀보 어른."

"만일 그런 일을 한다면 우선 돈을 보관해야 할 장소가 있어야 할 것이오. 또 사람들에게 돈을 받아 보관하는 일을 하는 사람, 사람들에게 돈을 빌려주는 일을 하는 사람, 이자를 계산해서 받는 사람 등이 필요할 것이오. 그뿐이 아닙니다. 처음에는 돈들이 많으니까 돈을 맡아 주는 것만 해도 고마워할지 모르지만, 시간이 지나면 아무도 돈을 맡기지 않을 겁니다. 아무 이익도 없는데 왜 돈을 맡기겠소. 그러니 돈을 맡긴 사람들에게도 적으나마 이자를 지불해야 합니다. 그러면 여윳돈이 있는 사람은 늘 돈을 맡길 것이오. 그래야 이곳에 오면 늘 돈이 있다는 사실을 알고 돈이 필요한 사람들이 와서 돈을 빌릴 게요."

큰아버지 말씀이 끝나자 사람들은 또다시 웅성거렸다.

"지당하신 말씀입니다."

장 승상께서 맞장구를 치셨다.

"그렇다면 어떻게 해야 좋겠습니까?"

"제가 생각이 짧았습니다. 놀보 어르신 말씀이 옳습니다. 그럼 제가 처음에 제안한 이자를 1푼 대신 2푼으로 올리면 어떨까요? 그래서 1푼은 돈을 맡긴 분에게 드리고, 1푼은 그곳에서 일하는 분들 월급으로 드리면요."

몽룡이 이 녀석은 언제 저런 걸 생각했지? 나도 짬만 나면 게임하면서 머리를 굴렸는데. 저 녀석은 나보다 게임을 더 많이 하나?

"여러분 생각은 어떠십니까?"

홍 참판께서 다시 사람들에게 물으셨다.

"좋소이다. 어차피 1푼이나 2푼이나 그렇게 싼 이자는 조선 팔도에 없소이다. 그러니 돈을 빌리는 사람들에게는 큰 부담이 안 될 것이오."

"옳소이다. 2푼 정도 이자는 누구나 갚을 수 있소. 그러니 그렇게 합시다. 일하는 사람에게 월급을 주는 건 당연한 일이니까."

"저도 찬성입니다."

"저도요."

여기저기서 사람들이 손뼉을 치며 찬동의 뜻을 나타냈다.

"그럼 이자는 2푼을 걷는 것으로 합시다. 좋습니까?"

홍 참판께서 마무리를 하려는데, 다시 큰아버지께서 나서셨다.

"이자라는 건 상황에 따라 변할 수 있습니다. 세상에 돈이 많아지면 맡길 사람이 많을 것이고, 돈이 줄어들면 빌려 갈 사람이 많아질 것이오. 맡길 사람이 많으면 이자가 낮아도 돈이 많이 들어올 것이고, 빌려 갈 사람이 더 많으면 이자가 높아도 빌려 갈 것이오. 그러니 지금은 이자를 2푼으로 하지만, 나중에는 상황에 따라 바꿀 수 있도록 합시다."

"그렇겠습니다, 놀보 어른. 놀보 어른 말씀대로 처음에는 이자를 2푼으로 하고 나중에는 그때그때 상황에 따라 결정하는 것으로 합시다. 어떻습니까?"

"좋습니다."

모인 사람들 모두가 박수로 찬성했다.

"자, 그럼 이것으로 마을 회의는 마무리된 것으로 하겠습니다. 모두들 수고가 많으셨습니다. 회의가 잘 끝난 것을 축하하는 뜻에서 제가 변변치 않은 음식을 차렸으니 모두들 드시면서 기쁨을 함께하십시오. 감사합니다."

홍 참판께서 마지막으로 인사를 하자 회의는 끝났다.

열여덟 냥

'동행' 대신 '은행'이오!

회의가 끝나고 며칠이 지났다.

돈도 없고 농사지을 땅도 없고 돈이 끝없이 솟아나는 주머니도 사라진 우리 집은 말 그대로 허울 좋은 부잣집이 되고 말았다. 집은 크고 일하는 사람도 많지만, 더 이상 그들에게 월급을 줄 수도 없었고 집을 유지하는 데 필요한 돈도 없었다.

물론 굶지는 않았다. 큰아버지께서 약속하신 대로 대 주셨기 때문이다. 그러나 예전처럼 살 수는 없는 노릇이었다.

어느 이른 아침 우리 집 대청에 큰아버지, 홍 참판, 장 승상, 변 사또, 변몽룡, 허 생원, 그리고 김 진사와 아들 주판이가 모였다. 물론 우리 아버지와 중돌이도 앉아 있었다.

나는 그 자리에 참석하지 않았다. 다들 알겠지만 내가 못나서가 아니었다. 나는 오라고 해도 안 갔을 것이다. 그 무렵 나는 혼인 외에는 아무것도 신경 쓸 수 없었다. 왜?

마을에서 청이가 시집간다는 소문이 파다했다. 그렇다면 나도 준비를 해야 하니까. 그런데 아버지와 어머니는 집안일 때문에 내 혼인에 전혀 신경을 쓰지 않으시는 게 분명했다. 내게 아무런 말씀도 없으시니 말이다. 그러니 나 혼자라도 준비를 할 수밖에.

나는 창고에 들어가 예전에 혼인하면 쓰기 위해 사 놓은 갖가지 물건들을 꺼내서 닦고, 빠진 물건이 없는지 살펴보는 일로 바빴다. 그러니 그런 회의에 참석할 시간이 있겠는가.

"자, 그럼 모두 모이셨지요?"

변 사또께서 회의를 이끄셨다.

"그런 것 같습니다."

홍 참판께서 답하셨다.

"그럼 회의를 진행하겠습니다. 우선 이 사업을 할 장소는 어디로 하면 좋을까요?"

"사또, 그건 박흥보 씨 집에서 하기로 했습니다."

"그럼 박흥보 씨는 어디서 살고요?"

"박흥보 씨는 다시 형님이신 박놀보 씨 댁으로 들어가 살 것입니다."

"박흥보 씨, 맞습니까?"

변 사또께서는 소문대로 일 처리가 분명했다. 우리 아버지를 보면서 맞는지 확인하고 또 확인한 후, 가져온 서류에 수결까지 하도록 했다.

수결이 뭐냐고? 청나라 사람들이 서명이라고 하는 것이 바로 수결이다. 도장 대신 자기 이름과 직함을 쓰는 것 말이다. 서양 사람들은 사인이라고 한단다. 몽룡이 녀석, 잘난 척은.

"맞습니다요, 사또 어른."

"됐습니다. 다음으로 누가 이 사업을 이끌어 가기로 했습니까?"

"박놀보 씨가 대표를 맡고 변 사또 자제인 몽룡 군, 그리고 흥보 씨 자제 중돌이, 김 진사 자제 주판이가 일을 할 예정입니다. 그 외에 허드렛일은 흥보 씨 집에서 일하던 사람들이 담당할 예정입니다."

"그렇군요. 그런데 이 사업 이름이 뭡니까?"

"어, 나라에서 곡식을 빌려주었다가 나중에 돌려받는 환곡과 같은 것인데……. 아직 이름은 짓지 않았는데요."

"예? 사업 이름이 없다고요?"

"아니, 사업 내용이 중요하지 이름이 뭐 그리 중요한가요?"

큰아버지께서 말씀하셨다.

맞다. 돈을 보관하고 빌려주는 일이 중요하지, 그런 일을 뭐라고 하는지가 뭐 중요하단 말인가?

"생각해 보니 이름이 있어야 할 듯싶네요. 그래야 사람들이 우리가 일하는 곳이 어디인지 알지요. 지금처럼 이름이 없으면 '돈 보관하고 빌려주는 곳'에 가자고 말해야 하잖아요."

몽룡이 녀석, 지 아버지 앞이라고 또 잘난 체다.

"그렇구나. 그럼 이 사업 이름을 뭐라고 하지? 사또, 무슨 좋은 생각이라도 있으신가요?"

"아니, 없습니다. 그렇지만 사업 이름이 있어야 조정에 보고를 할 텐데…… 어쩌나."

모두들 갑자기 꿀 먹은 벙어리가 되었다. 다들 사업 내용에 대해서만 고민했지 누구도 이름에 대해서는 생각하지 않았으니까.

얼마나 지났을까? 모두들 머리를 싸매고 있는데, 갑자기 중돌이가 벌떡 일어났다.

"'동행'이라고 하는 게 어때요?"

중돌이는 의기양양해서 외쳤다.

"동행? 그게 무슨 뜻이냐?"

사또께서 물으셨다.

"아, 예. 엽전은 놋쇠로 만든 동전입니다. 그러니 동전을 보관해 주기도 하고 빌려주기도 하는 등 다양한 행동을 한다는 뜻이지요. 즉, 동전에서 '동', 행동에서 '행'을 따와서 '동행'이라고 한 거예요."

"그것 그럴듯한데요."

참판 어른께서 말씀하셨다.

그러자 여러 사람이 맞장구를 쳤다.

"정말 그럴듯합니다."

"아, 좋습니다그려. 역시 젊은 친구가 우리보다 머리가 잘 돈다니까."

그 순간 사또께서 손을 들었다.

“잠깐만요. 지금 우리 조선에서는 동전을 사용하고 있지만, 청나라에서는 벌써 은전을 사용하고 있습니다. 그러니 조만간 우리나라에서도 은전을 사용할 날이 올 텐데. 동행이라고 하면 은전처럼 귀한 돈을 가진 사람은 오지 않을 것 같은데요?”

“아, 그렇군요.”

청나라에 유학 갔다 온 몽룡이 녀석이 미처 몰랐다는 듯 말했다.

그때 큰아버지께서 입을 여셨다.

“그렇군요. 저도 다산 선생께 은전에 대해 배웠습니다. 그때 금으로 만든 금화에 대해서도 배웠지만, 금화는 워낙 귀해서 어느 나라건 사용하지 않고 집에 보관만 한다더군요.”

“그럼 은화는 사용한다고 하던가요?”

장 승상께서 물으셨다.

“예, 은화는 이미 여러 나라에서 사용하고 있다고 들었습니다. 사또께서도 말씀하셨다시피 청나라에서도 은화를 사용하고 있으니 우리나라에서도 곧 은화를 사용할 듯싶습니다그려.”

“그럼 동행 대신 ‘은행’이라고 하지요. 어때요, 어르신들?”

중돌이가 다시 말했다.

“글쎄, 제 생각에는 좋을 듯싶습니다만 여러분들 생각은 어떠신지?”

“아, 사또께서 좋다면 저희도 좋지요. 안 그렇습니까, 여러분?”

“당연하지요.”

“그럼 은행으로 하시지요.”

여기저기서 박수 소리가 들려왔다.

"그럼 이 사업 이름은 '은행'으로 하겠습니다. 그런데 우리가 처음 이 사업을 시작하면 다른 지방에서도 같은 사업을 하지 않겠습니까?"

"그렇겠지요. 내용이 좋으니 누구든 따라할 게 분명합니다."

"그럼 그냥 은행이라고 하면 다른 지방 은행과 헷갈릴 테니, 우리 은행에는 이름을 붙입시다."

"어떻게요?"

"처음 이 사업이 어떻게 시작되었지요?"

"그거야 제가 돈을 너무 많이 만들어서…… 그만……."

잠자코 계시던 아버지께서 처음으로 입을 여셨다.

"그렇군요. 그럼 흥보 씨 때문에 태어난 사업이니까 〈흥보은행〉이라고 하면 어떻겠습니까?"

"흥보은행이라?"

"흥보은행?"

모두들 잠시 생각하는 듯했다.

"당연합니다. 흥보 씨가 자기 돈주머니를 포기하지 않았다면 이 사업도 태어나지 못했습니다. 그러니 흥보 씨의 이름을 오래 기억할 수 있는 〈흥보은행〉이 제격이라고 생각합니다. 안 그렇습니까?"

"그렇군요. 좋습니다."

"저도 찬성입니다."

"저도요."

모두들 아버지께 환호를 보냈다. 아버지께서는 부끄러운 듯 얼굴을 숙인 채 자리에서 일어나 모든 분들께 인사를 하셨다.

"감사합니다. 저 때문에 여러분께서 고통을 많이 겪으셨는데도 제 이름을 기억해 주시려 하니 참으로 부끄럽습니다."

"아닙니다. 흥보 씨 용기 덕에 우리 모두가 행복해졌어요. 힘내세요."

홍 참판께서 말씀하셨다.

아버지께서는 홍 참판께 눈인사를 드린 후 말을 계속하셨다.

"앞으로 저는 과거의 욕심을 버리고 성실히 노력하겠다고 여러분 앞에 다짐하겠습니다. 그리고 형님과 여러분이 맡아 하실 은행 일도 최선을 다해 돕겠습니다. 그리고 마지막으로 한 말씀 드리겠습니다. 이번 일요일에 저희 집에서 〈흥보은행〉 창립 행사가 있을 예정입니다. 마을 분들 모두 한 분도 빠짐없이 참석해 주십시오. 그리고 그 자리에서 제 둘째아들인 중돌이의 혼례도 거행할 예정입니다. 첫째 큰돌이부터 장가를 보내야 옳지만, 중돌이가 은행이라는 중요한 업무를 담당하게 되었기에 우선 혼인을 시키기로 장인 되실 심학규 어른과 약속했습니다. 아무래도 젊은이들은 가정이 안정되어야 일도 차분히 잘할 테니까요."

그러자 모인 사람들이 우레와 같은 박수를 보냈다.

"축하합니다."

"축하한다, 중돌아!"

"중돌이, 너 벌써 알아봤다. 똑똑하고 일 잘하고. 그러더니 장가도 잘 가는구나. 축하한다."

흥보은행
짝
짝
짝짝
짝짝
짝

그때 큰아버지께서 일어나 몽룡이와 중돌이, 주판이를 이끌고 앞으로 나서셨다.

"여러분 덕에 중요한 결정을 무사히 마쳤습니다. 이제 제 스승님 말씀대로 배운 것을 실천에 옮기는 더 중요한 일이 남았습니다. 제가 능력은 부족하지만 이 젊은이들과 함께 열심히 일하겠습니다. 감사합니다."

"오히려 저희가 감사합니다. 이 어려운 일을 서슴지 않고 맡아 주셨으니 말이지요."

"그렇습니다. 고맙습니다."

"그럼 저는 조선 땅에 처음으로 '은행'이 탄생했다는 소식을 조정에 전하겠습니다. 감사합니다."

변 사또의 인사말이 끝나자 자리에 모인 모든 사람들이 서로 악수를 나누고 끌어안으며 새로운 출발을 다짐했다.

누구나 다 아는 큰돌이의 비밀

나? 나는 아직 혼자다.
이제 심청이를 부를 때도
'청아' 하고 함부로 부르면 안 된다.

그러나 시간이 약이라고 시간이 흘러 청이와 중돌이는 결혼하고, 나도 어느 정도 안정이 되었다. 그때 같았으면 중돌이 녀석 꼴 보기 싫어서라도 〈흥보은행〉에는 얼씬도 안 했을 거다. 하지만 오늘도 난 〈흥보은행〉에 놀러 간다. 그리고 내일도 모레도 매일매일 갈 거다. 그곳에 가면 큰아버지도 계시고 동생도 있고 친구도 있기 때문이다.